〔英〕史蒂夫·阿什比 Steve Ashby
〔加〕艾莉森·伦纳德 Alison Leonard 著 —————————— 王绍祥 毛方慧 译

口袋博物馆

维京 /////////// UNREAD

Pocket Museum:
Vikings

上海文化出版社

目录

前言

掠夺者、贸易商、泥腿子、冒险家、放逐者、立法者……无论我们怎么定义他们，维京人似乎总能引发人们的无限遐想。但是，既然相关书籍、电影、电视、杂志已数不胜数，本书还有存在的意义吗？《口袋博物馆·维京》一书另辟蹊径，从维京人小小的手工制品中汲取灵感，讲述了一个截然不同的故事。尽管手工制品有助于我们理解人们是如何应对政治变革的，但它们鲜少能和权贵纷争或风起云涌的政治变革扯上什么关系。相反，手工制品会告诉我们日常宗教生活或世俗生活的点点滴滴，也会告诉我们社会与经济地位迥异的芸芸众生是如何组织其生活的。手工制品不仅会让我们对历史人物有一个模糊粗略的印象，而且会引发我们的好奇心，促使我们提出问题。

从许多方面来看，"维京时代"这一概念的提出仿佛神来之笔。一般认为，维京时代上起公元 8 世纪末，下至 11 世纪中叶。在维京世界里，根本不存在什么确切的起止日期。在不同的历史节点，维京世界的地理疆界均有不同：它既可能涵盖现今的斯堪的纳维亚半岛和北欧大部分地区，也可能向西延伸至北大西洋岛屿（包括北美洲东海岸部分地区），向东延伸至现今俄罗斯的边缘地带。许多斯堪的纳维亚人的足迹甚至超越了这个范围。

既然维京世界的地理疆界和时间界限均难以确定，我们只能用一种更切合实际的方式对维京世界做一个界定。在长达数个世纪的军事活动、离群散居、贸易交流中，究竟是什么将这个世界联系在了一起？答案就是变革。在斯堪的纳维亚人与其他各个民族交往的过程中，他们的足迹所及之处，都会引发政治、社会、经济和宗教巨变，而本书的目的就在于以物言变，用文物勾勒出这些变革的轨迹。为此，本书考察了维京时代物质文化的变迁：我们首先从真正属于斯堪的纳维亚半岛铁器时代（维京人出现的世界）的文物入手，一路走进中世纪（维京人帮助建立的世界）。

《口袋博物馆·维京》大体遵循时间轨迹展开，但需要特别说明的是：本书精选的文物具体出现的时间大多无法确定，也没必要确定。我们所探讨的是一个只存在了数百年的时期，许多手工制品变化甚微，甚至沿用至今。虽说在鉴定制作精良的金属制品时，风格对比法更为可靠，但与其说这是一门科学，不如说是一门艺术。所以，尽管本书大致可分为维京时代初期、中期、末期三大部分，但要确定这些手工制品究竟归属于哪个时期其实并不容易。

公元 9 世纪末广受青睐的物品不会在公元 10 世纪初就惨遭抛弃或回收。同样，我们讨论的目的也不是要对公元 9、10、11 世纪的政治、社会或经济情况展开全景式的概述。这样的叙述方式或许适用于古希腊、古罗马和古埃及，但对维京时代并不适合。这是因为维京世界尽管也是一个盘根错节的大世界，但与前述的那些早期文明相比，其政治支离破碎，社会分崩离析。我们的叙述缺乏维京帝国这样的核心。再者，维京时代也不仅仅是维京人的时代。比如，公元 9 世纪末的故事同样也是渔业与农业并举的故事，是贸易与探险并存的故事，是征战和殖民并行的故事。所以，这一时期缺乏一条贯穿始终的主线。而《口袋博物馆·维京》则呈现了一个复杂多样的维京世界。如此叙述固然困难重重，同时也妙趣横生。

尤为重要的是，本书收录的不仅有斯堪的纳维亚人自己制作的手工制品，还有维京人在行走四方时不期而遇的物品——这类物品往往带有清晰可见的印记。从中我们能够以一种独特的视角窥见维京人走过的世界和接触过的人。若仅如传统方式一般，聚焦于斯堪的纳维亚的经典艺术品，这一目的断然无法实现。

另外，书中精选的物品不仅美轮美奂，而且述说着引人入胜的故事：精雕细琢的珠宝所反映出的不仅仅是维京人对于艺术的热爱，同时也纤毫毕现地反映了社会的不公、压迫和残酷。就这一点而言，珠宝丝毫不亚于剑或斧。

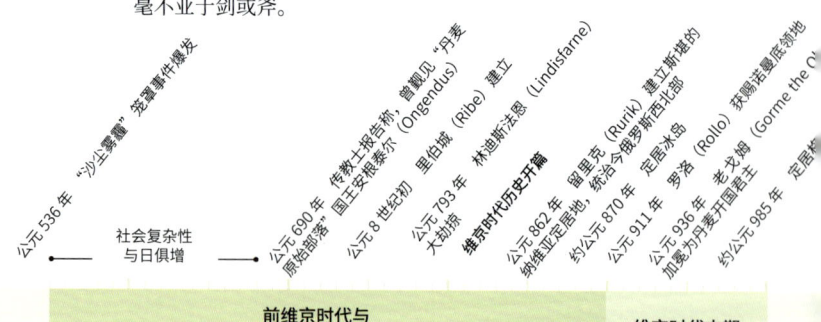

本书得以付梓离不开数十年如一日辛勤耕耘的众多学者。文物编目工作一开始就是维京研究的常规工作，本书借鉴了这一学术研究成果。其中最具里程碑意义的出版物当数詹姆斯·格雷厄姆 – 坎贝尔（James Graham-Campbell）的《维京文物：精选名录》（*Viking Artefacts: A Select Catalogue*）。尽管该书已问世约四十年，但仍不失其权威地位。我们断不敢狗尾续貂，画蛇添足。我们也不敢和索伦·辛德贝克（Søren Sindbaek）的创新作品《维京时代的世界》[*The World in the Viking Age*，2014，与雅典娜·特拉卡达斯（Athena Trakadas）合著] 和《北海之龙》（*Dragons of the Northern Seas*, 2015）相抗衡，这两本书通过文物说明了维京世界只是贯穿中世纪早期的互联互通的众多世界之一而已。《口袋博物馆·维京》以别开生面的方式，牢牢扎根于维京人的经历，从文物的角度出发来探索当前考古学研究中的一系列新主题。本书没有详述与文物相关的专业细节，而是将文物本身作为叙述的起点。文物不会说话，但是凭借创造力和新型科技，我们有时也可以读懂它。

文物研究并不是读懂维京世界的唯一途径。我们还可以从其他许多重要的角度对其进行研究，比如从文献资料，到关于现代语言和地名的语言学，再到留存在骸骨牙齿上的沉淀物。虽然这些研究发现确实为我们在书中要谈论的观点提供了一个框架，但是这本书为我们提供了一个难得的机会，我们可以直接从小处着手讲述故事。书中收录的文物有些是伟大的艺术作品，许多则不然，还有极少数甚至不是维京人制作的，但凡此种种缔造了维京世界。

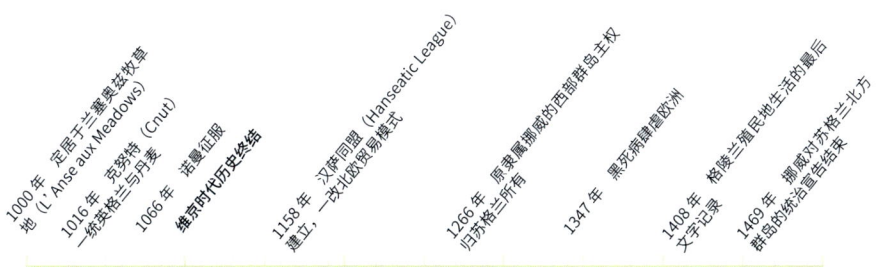

斯堪的纳维亚
地图

维京时代的斯堪的纳维亚并未同文共轨，很多现如今为人们所熟知的国家在当时尚未建立。该地区地形复杂，部落分散，政见不一。尽管我们对其城镇最为了解，但其作为一个农业社会，我们之所见实属管中窥豹。斯堪的纳维亚农业社会见证了该地区从部落酋长社会到国家社会萌芽的政治转型。

维京世界地图
(见第 12—13 页)

斯堪的纳维亚人在中世纪早期的劫掠、贸易和迁徙活动东起俄罗斯，西至纽芬兰，北达北极，南抵黑海。然而，这并非一个统一的帝国，而是一系列的定居地和殖民地。或许，我们可以将其视为维京人的海外散居地。

北

千米

英里

博尔格

诺尔兰郡

挪 威 海

诺尔兰

特隆赫姆

特伦德拉格   瑞 典

挪 威   达拉纳

乌普兰

卑尔根

霍达兰   奥斯陆   瓦尔斯高

锡格蒂纳

凯于庞   比尔卡

西约特兰   波 罗 的 海

亚伦   东约特兰

斯莫兰（地区）   哥得兰岛

阿格斯堡

菲罗卡特   厄兰岛

维堡   斯科讷省

奥尔胡斯   奥胡斯

丹 麦   隆德

耶灵   乌帕克

里伯   罗斯基勒

海泽比   哥本哈根   特鲁索

北 海   沃林

德 国   波 兰

格陵兰岛

西部定居地

东部定居地

兰塞奥兹牧草地国家历史遗址
·

大 西 洋

维京"故土"

公元 9 世纪定居地

公元 10 世纪定居地

其他活动

该地图凭借考古发现来确定维京人在欧洲和北大西洋开疆拓土的时间。根据掠夺征战的记载、手工制品的贸易分布以及语言证据，更多的扩张活动得以重现。

北

0　千米　600

0　英里　300

巴伦支海

挪威海

波罗的海

法罗群岛　设得兰群岛

西部群岛
（赫布里底群岛）

奥克尼

北海

马恩岛

约克

托克西

林肯

都柏林　伦敦

杜里斯特

旧拉多加

诺夫哥罗德

格涅兹多沃

沃林　特鲁索

基辅

黑海

伊斯坦布尔

里海

地中海

前维京时代与维京时代早期
约公元 550—899 年

鸿蒙初开

剑是维京时代的标志，它象征着权力、地位和阳刚之气。铸剑不仅需要昂贵的原料，而且需要能工巧匠投入大量的时间。佩剑之士寥若晨星，这些幸运儿无不将其视若珍宝。剑亦可作为馈赠佳品，甚至可以被冠以姓名。左页图中所示的宝剑出土于挪威斯泰因斯维克（Steinsvik）和科斯加登（Kosgaarden）的墓穴中。

　　传统上认为，维京时代始于公元 793 年，因为据《盎格鲁 - 撒克逊编年史》（Anglo-Saxon Chronicle）记载，位于诺森布里亚（Northumbria）的林迪斯法恩（Lindisfarne）修道院正是于该年"惨遭洗劫"。但仅凭这一条记载，是否就可以断定这是斯堪的纳维亚人初次将魔爪伸向不列颠和爱尔兰海岸呢？对此，我们不得而知。而且，从斯堪的纳维亚的视角来看，这样一个年份似乎意义甚微。纵横北海的维京时代主要属于史前时期，但它也是"国家"雏形的重要时期。因此，仅凭记录在册的海外事件就想确定维京时代的势力范围似乎过于牵强。我们更应该把重点放在城镇的壮大、海上贸易网络的扩张以及发生在"故土"的重大社会、经济和宗教变革上。

　　最新研究表明，虽然公元 8 世纪末期的物质文化与艺术取得了长足发展，但维京时代的一些基本要素——包括高效的海上运输的发展——可以追溯到更加久远的年代。例如，现已证实，早在公元 8 世纪早期，人们便频繁往来于挪威北部和斯堪的纳维亚南部的集市之间。长途旅行和新兴城市贸易网络的出现似乎助长了各类劫掠活动。通过这一网络交易的物品，以及从网络边缘地带劫掠而来的物品都是维京时代早期最重要的手工制品。

那么维京人为何会掠夺成性呢？劫掠活动本身虽不足为奇，但斯堪的纳维亚的战役却是跨海而战，这不仅赋予了维京人独特的个性，而且解释了为什么对方没法做出恰当的反应，往往被打了个措手不及。这些劫掠活动并不是为了传播宗教、文化或意识形态，而是为了寻求物质利益，如奴隶和便于携带的财物。尽管如此，有人指出，远征劫掠所积累的任何财富可比在故土通过课税、贡品和土地占有所获得的潜在收益差远了。因此，若论其风险与代价，这一活动似乎得不偿失。虽然斯堪的纳维亚社会有着对异域风情的向往和对"名德重望"的追求，但其开展劫掠活动的首要因素可能要归于贵重金属制品在社会中举足轻重的地位。

若想了解贵重金属制品的地位，我们需要回到维京时代之前的几个世纪。公元 5 世纪，在罗马帝国周边的斯堪的纳维亚半岛上分布着许多小规模的社会，各个族群相互制衡，或是短兵相接，或是以礼相待。在这种情况下，军事成就成了不可缺少的政治资本，手工制品也显示出日益盛行的尚武之风。公元 6 世纪中叶，自然灾害（可能是火山爆发而引发的大气"沙尘雾霾"笼罩事件）在一定程度上加快了社会复杂架构的土崩瓦解，从而导致人们背井离乡和政治上的分崩离析。由于各方力量争权夺势，想要重建社会更是难上加难。而在此后不久，欧洲大陆便蓬勃发展，城镇和贸易港口如雨后春笋般出现在北海和波罗的海沿岸，白银也开始从阿拉伯地区涌入欧洲。

维京时代伊始便是这样一派景象。在等级制度极为脆弱的社会中，一个部落若是能在海外战役中大获全胜，无疑会大大提高该部落酋长的地位。此外，异国掠夺来的珍宝往往具有特殊价值，常常作为礼物赠予盟友，以稳固盟约和确保忠诚。在这样一个动荡不安的世界中，政治联姻的地位不言而喻。正是因为这样，在斯堪的那维西部的女性坟墓中会发现从不列颠和爱尔兰洗劫而来的金属制品也就不足为奇了。

《盎格鲁－撒克逊编年史》（约公元 890 年）中有一页描述了维京人在林迪斯法恩犯下的暴行："……大概是 1 月 15 日前的第六天，异教徒在林迪斯法恩岛上大肆杀戮，强取豪夺，并摧毁了林迪斯法恩天主教堂。"

图为复原后的酋长长屋，位于挪威罗弗敦群岛的博尔格地区（Borg）。该遗址的考古发现中有来自欧洲南部、土耳其、英格兰和斯堪的纳维亚南部的物品，这表明该酋长与更广阔的世界有着广泛的联系。

最初的劫掠活动并没有满足人们对可随身携带的财富的渴望，但军事活动的规模直到公元 9 世纪上半叶才有所扩大。根据《盎格鲁－撒克逊编年史》记载：公元 865 年，东盎格利亚半岛曾出现过丹麦军队（异教徒大军）。在东盎格利亚与入侵者展开了旷日持久的军事斗争之后，威塞克斯国王阿尔弗雷德大帝（Alfred the Great）终于把入侵者拉上了谈判桌并签订了和约。和约规定将现今英格兰北部和东部的地区割让给维京人作为定居地，这就是后来的丹麦法区（Danelaw）。异教徒大军的部分成员担任起农村领主这一新角色，而约克（York）等城镇则一跃成为经济重镇和国际化大熔炉。自此，维京时代中期的故事便围绕着农场耕作和城镇贸易徐徐展开。

大锅和三脚锅架

约公元 834 年

铁·三脚锅架，高：80 厘米，
大锅容量：约 20 升
来自挪威，奥斯贝格（Oseberg）
维京海盗船博物馆（Viking Ship
Museum），挪威，奥斯陆

大宴宾客是维京社会财富和权力的根本象征。这口锅及其锅架是奥斯贝格船葬墓（Oseberg ship burial）的殉葬品（见第 62 页），这表明美味佳肴也会随死者一并下葬。除了这口大锅，奥斯贝格船葬墓还包含许多其他餐饮用具，包括碗、搅拌棒、长柄勺、刀具、储物容器、浅盘和一口煎锅。这口大锅的容量足以养活船上的所有船员。三脚架的设计是为了便于将锅悬挂在灶台上方。虽然家用三脚锅架多为木头材质，但这个铁制的三脚锅架更显精致。锅架的每个末端都打造成三叉爪的形状，这样在烹饪时会更加稳固。

游戏棋

公元 9 世纪
玻璃·球形棋子，直径：2.5 厘米
来自瑞典，比尔卡（Birka）
瑞典历史博物馆（Swedish History Museum），瑞典，斯德哥尔摩

在维京时代，下棋、玩骰子是颇为流行的娱乐消遣方式，而且时常能和赌博扯上关系。维京人所至之处都发现了游戏棋的踪迹，通常每套棋有二十枚棋子或更多。棋子做工谈不上考究，有些只是铅片卷成的小球，还有些则由骨头凿成，但富庶人家会委托工匠将它们打造成精美的套装。这些从比尔卡 750 号墓穴中出土的彩色玻璃棋子便是一例。"王"的设计颇为抽象，皇冠和面部特征以蓝色描绘，其余的棋子则用两种对比色加以区分，并饰有小孔。这些棋子应该配有棋盘，这样才方便对弈。

玩具剑

公元 8—9 世纪
木头 · 长: 20.5 厘米
来自俄罗斯,旧拉多加(Staraja Ladoga)
冬宫博物馆(State Hermitage Museum),俄罗斯,圣彼得堡

　　如图所示的这把木剑和其他小型雕刻品(常见的有船只、鸭子和马匹)都属于儿童玩具。但是,作为崇战社会的象征,儿童玩具剑可能不只是嬉戏打闹的玩具,它们甚至可以用于训练年轻战士。这把特殊的木剑仿自一把从莱茵兰(Rhineland)进口到波罗的海的法兰克剑(Frankish sword),与其他小型木剑一样出土于当代俄罗斯拉多加湖畔(Lake Ladoga)的旧拉多加贸易集散地。

鲸骨板

公元 8—9 世纪末
动物骨（鲸鱼骨）· 长：22 厘米
来自挪威
沃尔特斯艺术博物馆（Walters Art Museum），美国，巴尔的摩（Baltimore）

这块骨板由一块鲸鱼骨雕刻而成，并饰有一对内弯的龙头，其雕刻技巧极具斯堪的纳维亚风格。更为重要的是，鲸骨板的中部并无装饰，这有助于我们推断其用途。此类鲸骨板通常与衣物"一抹平"（见第 22 页）配套使用，其作用相当于"熨板"。但这种推断也不能保证万无一失，它们也可能用在手工艺品中或拿来备菜、上菜。这类物品在地位显赫的女性坟墓中屡见不鲜，著名的例子来自苏格兰北部的斯卡（Scar）。因此，我们无法直接推断这类物品与衣物"一抹平"有明确的联系。

衣物"一抹平"

公元9—10世纪
玻璃·直径：约17厘米
来自瑞典，比尔卡
瑞典历史博物馆，瑞典，斯德哥尔摩

　　此类"一抹平"的作用在于熨压衣物的接缝和褶皱处，适用于纺织品生产和衣物基础保养。在维京时代的墓穴中时常能见到"一抹平"的身影，它们往往与富有的女性有关。"一抹平"可能会与某种板材配套使用，如装饰精美的鲸骨板，但这种猜测并未得到证实。这块"一抹平"由欧洲大陆进口的绿玻璃制作而成，表面光滑，微微凸起，和掌心大小一致，特别适合拿握。它的磨损痕迹较为明显，说明使用率极高，甚至每天都在使用。

一对椭圆饰针

约公元 850—950 年
铜合金，银·长：11.6 厘米，宽：7.9
厘米，高：3.6 厘米
来自英国，桑顿·道纳姆（Santon
Downham）
大英博物馆（British Museum），
英国，伦敦

椭圆饰针在维京时代早期风靡一时，成了一种别具一格的服装配饰。富裕的维京女性会在双肩佩戴椭圆饰针，以固定围裙式束腰外衣的肩带。这对饰针由铜合金铸成，并镶有银线。斯堪的纳维亚的椭圆饰针大多都会采用这种设计，其中以镂空的兽形装饰最为典型。这对饰针 1883 年出土于一个墓穴之中，该墓穴葬有一名男子、一名女子和一把斯堪的纳维亚风格的宝剑。这对埋葬于此的斯堪的纳维亚夫妇生前可能居住在东盎格利亚的维京王国。

针盒

约公元 9 世纪
铜合金·长：3.4 厘米
来自挪威，凯于庞（Kaupang）
文化历史博物馆（Museum of Cultural History），挪威，奥斯陆

　　这一小块铜合金碎片本属于一个工艺繁复的小针盒。女红在衣物制作和缝补过程中起着举足轻重的作用，所以许多妇女可能会将针线等物品随身携带。但为了方便拿取，大多数妇女会把这类物品放在软袋中，而不是放在这种金属盒中。针盒的残片上饰有一系列的直线和斜线，其纹路走向与骨梳和鹿角梳上的装饰类似（见第 93 页）。虽然与之类似的针盒并不多见，但在现今瑞典比克克岛（Björkö）的维京小镇比尔卡还是发现了一个相似度极高的针盒，从而表明这些遥远的地方在文化和美学上存在着一定的相似性。

踏板和足印

约公元890—900年
木头·长：22厘米
来自挪威，科克斯塔德（Gokstad）
维京海盗船博物馆，挪威，奥斯陆

该踏板出土于科克斯塔德船葬的船只上（见第70页），它为研究维京航海活动提供了独特的视角。尽管这艘船在19世纪80年代就已出现在人们的视野中，但直到2009年，新的研究表明踏板上的足印轮廓（其中一只足印如下图所示）可能是一名正值青春期的男孩为了打发无聊时间而雕刻的。该船于公元890年伐木而建，后葬于公元900年前后，因此这对足印很可能是在公元890至900年的某次航行中刻上的。若果真如此，这对足印便可说明维京男子在年轻时就要和成年人一样参与劫掠和战争，他们的成年生活甚至可能从儿童时代便已展开。

钥匙

公元 8—9 世纪
铜合金·长：约 5 厘米
来自丹麦
丹麦国家博物馆（National Museum of Denmark），丹麦，
哥本哈根

　　在维京时代，钥匙是相对常见的物品。钥匙既可以打开房门、大门、盒子和箱子，又极具象征意义。传统上，钥匙与性别息息相关。由于钥匙总是出现在女性的坟墓中，这说明妻子总是扮演着管家的角色，但这种解释可能过于片面，也许将钥匙视为某种控制权或通行证会更准确（如打开新天地、获取新知识，或通往人生新篇章等）。有些钥匙可能纯粹是装饰性的象征符号，但不论钥匙的作用是实用的还是抽象的，它们都可以与其他小玩意儿和配饰一起挂在皮带上，所以钥匙总是设计得很华丽。

磨石

约公元 800—975 年
石头·上磨石，直径：47 厘米
来自丹麦，阿格斯堡（Aggersborg）
莫斯格历史博物馆（Moesgaard Museum），丹麦，奥胡斯（Aarhus）

　　从史前时期到中世纪时期，磨石是欧洲长途贸易网中的常见商品。这类物品不是奢侈品，而是必需品。在中世纪早期的欧洲，磨石主要用于研磨谷物类主食。位于德国埃菲尔地区（Eifel region）的迈恩（Mayen）拥有制作磨石的不二之选——火山玄武岩，迈恩熔岩材质的磨石在欧洲西北部随处可见，甚至在维京时代之前，这类石头就大量进口到了丹麦。这块磨石是在维京时代早期定居地的遗址上发现的，该定居地在公元 10 世纪建造阿格斯堡防御要塞之前被夷为平地。

长柄勺

公元 9—10 世纪
铜合金·长: 26.5 厘米，直径: 16 厘米
来自瑞典，比尔卡
瑞典历史博物馆，瑞典，斯德哥尔摩

这把长柄铜勺出土于瑞典比尔卡的一间墓室，墓室的主人是一位家境殷实的女性。该墓室陈设华丽精美，其中还有不少盛宴所需的其他容器和器皿。在生活中，长柄勺通常用作餐具，但它也是身份的象征。这把长柄勺和一些与之相似的青铜铸勺可能来自西欧的不列颠群岛（British Isles），在爱尔兰、苏格兰和挪威的维京人坟墓中都能发现它们的踪影。长柄勺在遥远的东方都找得到，这足以证明维京人广泛的贸易网络和劫掠范围。这把铜勺可能是赠予挚爱之人的一件奇特却实用的信物。

粪石

公元 9 世纪
有机物·长：20 厘米
来自英国，约克，劳埃德银行（Lloyds Bank）
约维克维京中心（Jorvik Viking Centre），英国，约克

　　这可能是世界上最著名的人类排泄物。约克市中心的一家银行准备挖一个金库，就在破土动工之前，人们发现了这个极不寻常的"文物"，因为大多数的人类排泄物都是混合在一起的，而且很难保持其原有的形状。粪坑在维京时代的约克十分常见，对粪坑的检测使我们得以了解过去人们的饮食习惯。这块矿化的粪石很独特，它能告诉我们一个人的饮食习惯以及肠道的健康状况。显微镜分析表明此人摄入了大量的麦麸制品，并显示出其肠道内有两种寄生虫。这块粪石使我们与生活在维京时代的人们的关系又近了一步，这种真切感是任何其他考古发现都无法比拟的。

瓦尔基里吊坠

约公元 800 年
银，镀金，乌银·高：3.4 厘米
来自丹麦，霍比（Hårby）
丹麦国家博物馆，丹麦，哥本哈根

2012 年，一名"寻宝者"凭借金属探测器发现了第一座维京时代的女武士立体雕像。手持宝剑和盾牌的女性形象通常与北欧神话中的瓦尔基里（Valkyries）女武神有关。瓦尔基里，又称"英灵挑选者"，是一群由战神奥丁（Odin）派往战场的少女，她们会挑选并引导阵亡战士的英灵进入瓦尔哈拉殿堂（Valhalla）安享来生。

另一种观点认为，该形象代表的并不是虚无缥缈的神话人物，而是实实在在存在的女战士。尽管这一观点尚待商榷，但有一定的证据表明，地位显赫的维京女性也会和武器合葬。这或许会引发一场经久不衰的争论，但不可否认的是，武器不仅是战争工具，也是地位和身份的重要象征。无论如何，维京时代的性别角色与现在相比可谓大相径庭。

佩戴小型武士雕像吊坠就好比戴上了平安符，它或许可以保佑你在战场上所向披靡。女武士雕像身着印花长裙，头发绾成发髻后又梳成马尾辫，通体镀金，但其面部特征以及盾牌和长裙上的装饰细节则点饰有乌银。

实际上，无论该雕像的含义或给人的联想如何，它都为我们提供了女性服饰和武器的重要信息。这块盾牌的设计显然与带有铁凸台的圆形木制盾牌类似，例如一系列出土于"科克斯塔德号"（见第 70 页）或"特雷勒堡号"（Trelleborg）的盾牌。宝剑的剑柄及其末端的装饰也非常华丽，它们不仅传达了武器的概念，也是真实武器的缩影。

这把剑出土于瑞典比尔卡的一座墓室，它似乎与一具近期被证实为女性的尸骨有着密切联系。这是否表明维京女性在军事领域也占有显赫的一席之地呢？

豕首饰针

公元 8 世纪晚期
铜合金，铁·长: 4.6 厘米
来自瑞典，哥得兰岛（Gotland）
大都会艺术博物馆（Metropolitan Museum of Art），美国，纽约

从前维京时代到至少 11 世纪，哥得兰岛当地一直保有佩戴兽首饰针的悠久传统。女性总是成对地佩戴这类饰针，以便将衣服固定在双肩上（就像斯堪的纳维亚半岛其他地区使用的椭圆饰针一样；见第 23 页）。两个饰针之间通常会配有一个盒形饰针（见第 33 页）。这枚饰针制作于公元 8 世纪末，它形如野猪头，眼睛和耳朵都惟妙惟肖。

盒形饰针

约公元 800 年

铜合金·直径: 5.3 厘米,
高: 2.3 厘米

来自瑞典, 哥得兰岛

大都会艺术博物馆, 美国, 纽约

盒形饰针是哥得兰岛(瑞典最大岛屿)当地的一种饰品, 具有悠久的历史。它不仅仅是一种装饰物, 更是一种地位的象征, 通常只会在身份显赫的女性身上见到。盒形饰针常佩戴于两个兽首胸针(见第 32 页)之间。这种饰针内部中空, 其间可以放置一些小物件。古墓出土的饰针中, 偶尔会发现盒内保存完好的物品。许多出土饰针磨损较为严重, 极有可能是传家宝, 经世代相传, 因而磨损至此。此类盒形饰针具有典型的哥得兰岛风格, 在斯堪的纳维亚其他地区也发现了它们的身影, 这表明哥得兰岛的贵族女性曾旅居他国, 留下了该饰针的踪迹。图上这枚饰针刻有兽纹和几何纹饰, 这种纹饰图样产生于维京时代初期。

掠夺而来的金属工艺品

公元 9 世纪初
铜合金，镀金·长：8.8 厘米
来自挪威，默勒和鲁姆斯达尔（Møre og Romsdal），罗姆福耶兰
（Romfohjellen）
文化历史博物馆，挪威，奥斯陆

　　这是一块凯尔特（Celtic）配饰残片，其外形精美，做工精湛。配饰残片上雕刻着相互交织的动物图案，三条以深浮雕形式刻画而成的龙状动物首尾相衔，眼睛上镶嵌着蓝色的玻璃。同时，这一配饰上还配有一颗较大的琥珀。琥珀一端的边缘切割不平整，上面还有一对铆钉孔，这恰恰证明其可能曾被改造成饰针一类的饰物。这件配饰十有八九制造于爱尔兰或苏格兰的教会工艺坊，遭掠夺后流落至西斯堪的纳维亚，并作为礼物相赠。不过可以确定的一点是：这件工艺品历经的海外旅程是一帆风顺的。

兽形饰针

大概于公元 9 世纪中期
铜合金·长: 8 厘米
来自挪威, 凯于庞
文化历史博物馆, 挪威, 奥斯陆

　　这枚精美的饰针以奥斯贝格风格浇铸而成, 其设计风格与奥斯贝格贵族船葬墓中的艺术品极其相似, 其风格或为当地工艺坊的典型风格。随着邻近城镇凯于庞的蓬勃发展, 这些工艺坊的生意日趋火爆。这枚饰针上的动物图案极具艺术性。虽无法确定上面到底是何种动物, 不过能看出它弯曲的躯干被众多兽爪紧紧握住。其设计颇具特色: 弯弯的脖子、小小的耳朵、长长的舌头。饰针背面有一针扣, 并且有修理过的痕迹, 由此可见这枚饰针弥足珍贵。

佩剑腰带金饰

约公元 870 年
黄金·最大宽度：11 厘米
来自挪威，霍恩（Hoen）
文化历史博物馆，挪威，奥斯陆

霍恩宝藏（Hoen hoard）发掘于 1834 年，是挪威境内已知的最大的维京黄金宝藏。可以说这个腰带金饰是霍恩宝藏中做工最精美的一件黄金艺术品了，这一饰品由加洛林王朝（Carolingian）的皇家工艺坊制作而成，起初是嵌在高级佩剑腰带上的，而后才被带至挪威加工改造成了饰针。将掠夺物或进口商品改造再利用在当时的斯堪的纳维亚司空见惯。这类带有植物装饰图案的三叶形金饰和其他的加洛林王朝饰品给斯堪的纳维亚人带来了灵感。彼时，他们纷纷开始仿制三叶形饰针。

加洛林皮带尾饰

约公元 820—880 年
铜合金·长：3.1 厘米
来自挪威，凯于庞
文化历史博物馆，挪威，奥斯陆

　　这一小配件是用来固定在马刺带或鞋带尾端的金属装饰，有了它，皮带可以更顺畅地穿过搭扣。它的设计与众不同，中间有一个类似于中央肋骨的图案，周围点缀着迷你的穿孔圆点。这种设计似乎是著名的加洛林王朝莨苕叶饰的简化版，也意味着这一配件可能属于生活在凯于庞的一个法兰克人，此人的社会地位也许并不高。因此，该配件展现出了一幅互联互通的早期维京小镇的生活画卷。考古学家在英国维京大军（the Viking Great Army）的营地中也发现了类似的物品，这也许反映出了维京城镇的繁盛与文化积淀。

项链

约公元 870 年
玻璃，金，银，半宝石·圆形吊坠直径（右上）：2.2 厘米
来自挪威，霍恩
文化历史博物馆，挪威，奥斯陆

　　这条项链出自霍恩宝藏，由近两百件带有异域色彩
的珍宝串联而成。其中大部分五彩斑斓的吊坠和玻璃珠
都产自斯堪的纳维亚，而其余的珠子、钱币以及宝石托
底都是由其他中世纪国家（盎格鲁 - 撒克逊英格兰、法
兰克王国、拜占庭帝国和伊斯兰帝国）运来后改造成了
吊坠。其中一枚由钱币改造成的吊坠在藏宝之时已有数
百年历史。其他钱币上画着涂鸦，此外还有一个拜占庭
链环上刻着希腊文。这些珍宝是否原本就属于同一条项
链我们不得而知，但可以确定的是，这些珍宝历经几代
沧桑，出自多人之手，并且曾漂洋过海。

船形饰针

公元 9 世纪
铜合金·宽：5.5 厘米
来自丹麦，芬恩（Fyn），托内霍伊（Tjørnehøj）
丹麦国家博物馆，丹麦，哥本哈根

　　这枚小小的船形饰针强有力地证明了船在维京社会中的重要性。船不仅仅是一种交通工具、经贸工具、武器，还是维京社会的一种象征。鉴于斯堪的纳维亚半岛的地理位置，不难看出海洋是如何成为人们生活的重心的。斯堪的纳维亚半岛西部沿岸多峡湾，因此大大小小的船只成了人们出行必不可少的工具。而半岛南部岛屿众多，南部居民也同样依赖于水上交通。海洋并非边缘，而是万物的中心。

阿尔弗雷德珠宝

公元 871—899 年
黄金，珐琅，无色水晶
长：6.2 厘米，宽：3.1 厘米，直径：1.3 厘米
来自英国，萨默塞特（Somerset）
阿什莫尔博物馆（Ashmolean Museum），
英国，牛津

　　这一精美的手稿阅读指针与威塞克斯国王阿尔弗雷德大帝（公元 871—899 年在位）颇有渊源。泪滴状的珐琅和水晶镶嵌于金槽之中，珠宝周围刻有 AELFRED MEC HEHT GEWYRCAN，意为"奉阿尔弗雷德大帝令制"。阿尔弗雷德在统治期间曾组织翻译过一些典籍，而这一指针很可能就是他命令工匠制造的，用来与其中一本典籍相匹配。这一珍宝尾部开口处形似龙嘴，用以插放真正的指针，当时的指针很可能是由象牙制成的。巧合的是，这一珍宝离阿赛尔纳（Athelney）仅几英里之遥，而阿赛尔纳是历史上阿尔弗雷德大帝在萨默塞特沼泽地的要塞，他曾在那儿抗击维京大军。

博勒马具

公元 9 世纪末—10 世纪
镀金铜合金·马具皮带扣长度: 5.4 厘米
来自挪威, 博勒 (Borre)
文化历史博物馆, 挪威, 奥斯陆

　　这些镀金青铜马具是在一处豪华的船葬墓中发现的, 而这一船葬墓位于挪威西福尔郡的博勒墓地 (Borre Cemetery)。"博勒"一词现用来指代装饰风格, 也就是这些金属扣上的装饰样式。在维京时期, 欧洲大陆有大量珠宝都饰有博勒图案。以下图片展现了三种最普遍的博勒样式: 第一种是环环相扣的"环链"纹饰 (左); 第二种是带状攫取兽纹饰 (中); 第三种是呈现出回望姿态的动物纹饰 (右)。博勒样式在维京扩张巅峰时期十分流行, 因此它也成为地理分布最广的斯堪的纳维亚艺术。

攫取兽吊坠

公元 9 世纪末—10 世纪
银·直径：4 厘米
来自丹麦，齐斯湖（Lake Tissø）
丹麦国家博物馆，丹麦，哥本哈根

这一吊坠饰有经典的博勒纹饰——野兽交织缠绕在一起，它们的爪子紧紧握住自己的躯体，同时紧紧攀附着边框。维京时代早期，卵形饰针产量逐步上升，上面的纹饰也随之在北欧地区迅速兴起。各种样式的吊坠盛行于整个维京时期，相关或类似的吊坠在整个斯堪的纳维亚半岛、英格兰以及俄罗斯都有发现。此类吊坠常与项链串联，有时也会和其他珠子、间隔片和吊坠串在一起。这枚特别的吊坠是在当代丹麦西兰岛西部的齐斯湖中发现的。

跳舞的小人儿

公元9—10世纪
银·高：2.9厘米
来自瑞典，比尔卡
瑞典历史博物馆，瑞典，斯德哥尔摩

　　这个小巧玲珑的护身符是在瑞典比尔卡的一处女性墓穴中发现的。这种款式人称"武士起舞"（dancing warrior）或"挥剑起舞"（weapon dancer），从图中我们可以看到一个头戴华丽头饰的人物形象，左手拿剑，右手握棒。这种样式起源于前维京时代，并一直延续至维京时代。跳祭祀舞的武士形象展现了人们对奥丁神的崇拜之情。"武士起舞"的形象象征着奥丁神的助手，也可能象征着奥丁神本身，但无论它代表什么，佩戴这种吊坠有祈求平安或好运的寓意是毋庸置疑的。而在附近的乌普兰省孔森恩地区（Kungsängen, Uppland）的另一处女性墓穴中，也发现了类似的吊坠。

戒指

公元 9—10 世纪
银·最大直径: 2.7 厘米
来自爱尔兰
沃尔特斯艺术博物馆，美国，巴尔的摩

　　这枚戒指的设计仿照了维京臂环的样式。臂环的直径比戒指大，由金银细条编织而成。在许多珍稀金属宝藏中都有此类戒指的踪迹。近年来，越来越多的"寻宝者"凭借金属探测器找到了类似的戒指，同时这些文物也被收录进国家档案中，如"可移动文物计划"（Portable Antiquities Scheme，为覆盖英格兰和威尔士地区的博物馆计划）。而这枚戒指是在爱尔兰出土的一个老物件，它由两根细银条拧在一起制作而成。虽然重量较轻，做工也不算特别考究，但这种戒指在当时是一种显著的财富象征。

头盔

公元 6 世纪末
铁，箔纸·内周长：64 厘米，头盔高度：17 厘米
来自瑞典，瓦尔斯高（Valsgärde）
古斯塔夫纪念馆（Gustavianum），瑞典，乌普萨拉（Uppsala）

　　人们对维京头盔的认识，主要来源于头盔残片。然而在古代墓葬群中，比如瑞典中部地区的瓦尔斯高墓葬，我们找到了完整的前维京时代头盔，它们作为殉葬品埋葬在墓穴中。这个头盔或许是目前保存最完好的，它由压花箔纸板、防护"眼罩"以及护面甲拼接而成。如此精美的头盔，通常是用来彰显身份地位的。但在当时那个政治变革时期，只有集合了强大军事力量，且出手阔绰、愿意慷慨解囊的人才能真正执掌大权。当时的首领通过炫耀自己的军事技能来稳固地位，因此很难将军事和审美区分开来。

系环长剑和剑鞘

约公元 700 年前
铁，铜合金，镀金，景泰蓝镶嵌，木头·长：95 厘米
来自瑞典，瓦尔斯高
古斯塔夫纪念馆，瑞典，乌普萨拉

　　这把系环长剑出土于瑞典瓦尔斯高的贵族墓葬群，剑柄处扣着一个小铁环。这个铁环是"誓约之环"，代表着永恒的约定。以"指环授予"仪式来见证誓言在整个日耳曼世界是十分普遍的现象。同时，首领也会将剑赠予自己的追随者，以换取他们的忠心效劳。部分学者认为，史诗《贝奥武夫》（Beowulf）中的"hring-mael"（指环装饰 / 系环长剑）一词指的就是此类长剑。系环长剑在公元 7 世纪末以后就消失了，但指环授予仪式一直延续到了维京时期。

屋形神龛

陪葬于约公元 800 年
木头，铜合金，锡·长：18 厘米，
高：8 厘米
来自挪威，梅尔许斯（Melhus）
挪威科技大学博物馆，挪威，特隆赫姆（Trondheim）

这个便携式神龛，或圣物匣，是岛屿艺术的又一佳作。该神龛的主体由紫杉木制成，表面覆盖了一层铜合金材料的装饰，其外形特征明显模仿了房屋或礼堂的结构。在爱尔兰和苏格兰的修道院中发现了许多类似的物件，所以可以肯定地说，这一神龛是出自上述国家的某一修道院中。然而，这一神龛是在现代挪威的特隆赫姆附近发现的，它出土于一个异教徒古墓——一个船葬墓，埋葬着一男一女。据此可以推测这一神龛到了新的斯堪的纳维亚主人手里后，虽然仍是十分珍贵的物件，但已经少了许多宗教色彩。

酒具

公元 9 世纪
玻璃·高: 13.5 厘米, 直径: 8.3 厘米
来自瑞典, 比尔卡
瑞典历史博物馆, 瑞典, 斯德哥尔摩

  在开启了与欧洲大陆的贸易往来以后, 斯堪的纳维亚人开始将进口来的玻璃杯摆到餐桌上使用, 图上的玻璃杯便是其中一例。类似的法兰克玻璃器皿在许多像比尔卡这样的贸易小镇中都有发现, 而新的礼仪伴随着这种商品的进口也开始产生。这种器皿很有可能是斯堪的纳维亚人用来盛葡萄酒的, 而葡萄酒也是他们从欧洲大陆引进的。玻璃杯与当时其他类似牛角杯这样的酒具不同, 它们是直立摆放在桌子上的。玻璃器皿通常是身份的象征, 在公元9 世纪, 只有商人、手工艺人, 以及一些有社会地位的人才用得起玻璃杯。

"人质"石

公元8—9世纪
石材·长: 18厘米, 高: 12厘米, 厚: 1.2厘米
来自英国, 因奇马诺克岛 (Inchmarnock)
比特岛博物馆 (Bute Museum), 英国, 罗斯西 (Rothesay)

这一石刻是在苏格兰因奇马诺克岛的一处教堂墓地中发现的。当时的考古挖掘工作使得几处中世纪早期的修道院工艺坊得以重见天日, 一些带雕刻的石板也一并出土。这块石刻出土时已经断成两截, 石刻的一面刻着普通的十字架图案和文字, 而另一面的内容则引人注目, 上面的图案通常称作"维京突袭图"(Viking raid): 图上的两人身穿长锁子甲正朝一艘船走去, 他们身后跟着一个卑躬屈膝的人, 这人脖子上套着一根绳子, 由前面两人拽着走, 手腕上挂着一个小盒子, 可能是一个圣物匣 (见第48页和第78页)。石板上刮刻的画作也许无法与同时期的维京艺术佳作相媲美, 但它展现了细节之美, 而且呈现出一个很重要的维京暴力视角。刻画者记录的是不是他们亲身经历的事情我们不得而知。一种更加合理的解释是, 刻画者想描述一个能引起"僧侣之岛"群体共鸣的故事, 而因奇马诺克岛就是其中一例。

因奇马诺克岛是一座位于苏格兰西海岸近海区域的小岛。该岛上的一座修道院遗址在考古挖掘中重现天日, 其历史可追溯至公元8世纪前后。一并出土的还有几座修道院工艺坊。发掘出的文物同时证明了当时的人已具备读写能力, 并已开始艺术创作。

剑柄

公元 9 世纪
铜合金，镀金，银·长：18.5 厘米，宽：10.9 厘米
来自英国，埃格岛（Eigg）
苏格兰国家博物馆（National Museum of Scotland），英国，
爱丁堡

　　这个精美绝伦的镀金黄铜剑柄是被苏格兰西部埃格岛上的一个农民发现的。在平整土堆时，农民不仅发现了剑柄，还发现了几个残破的水桶、一块磨刀石以及一些剑身碎片。种种迹象表明这个剑柄很可能是陪葬品，据推测应该来自一个位高权重的维京异教徒之墓。剑柄上装点着各式各样的图案，以银线点饰而成，同时上面还带有兽形图案和几何图案。这把剑绝不仅仅是一种武器，更是身份、地位和权力的象征。

掠夺而来的书籍配件

公元 7—9 世纪
铜合金，镀金·直径：9.6 厘米
来自挪威，科姆内斯（Komnes）
文化历史博物馆，挪威，奥斯陆

这一产于英国或爱尔兰的优质工艺品极有可能是一个书籍配件。然而，该工艺品的背面有饰针和针扣的痕迹，表明它在修道院中遭劫掠后经改造成了饰针。但为何要劫掠并改造及利用这种工艺品呢？是因为海盗对基督教艺术情有独钟吗？更合理的一种解释是：掠夺者想留下自己海外航行之旅的证据。这些物件甚至可能在故事讲述中出现过，为的是将这些串联起维京时代斯堪的纳维亚权力网的神话故事代代相传下去。

箭头

公元 9—11 世纪

铁·长（包括箭铤）：10—12 厘米

来自瑞典，赛沃（Saivo）

瑞典历史博物馆，瑞典，斯德哥尔摩

谈起维京对抗与冲突，人们脑海中总是浮现起剑斧相挥、盾牌护身的竞技场景。实际上，除了这些兵器，投射物在战事中也十分关键，并且在狩猎中必不可少。图中是目前已知的各种形状的箭头，从中可以看出当时箭头的种类之多。在斯堪的纳维亚绝大部分地区，箭头尾部并非采用凹槽设计，而是用了带有箭铤（箭头尾部细长部分）的设计，以便插入木制的箭杆中。箭头的形状各式各样。在维京时期，大部分箭头都是叶子形的，后期则演变成了锥子形。锥子形箭头更窄，主要用于刺穿链甲；较宽的箭头或凿子形的箭头可用于狩猎；而其他一些形状特别的特制箭头则用于捆绑易燃物。

拜占庭印章

约公元 840 年
铅·直径：3 厘米
来自丹麦，里伯（Ribe）
西南日德兰半岛博物馆（Museum
of Southwest Jutland），丹麦，
里伯

这个平淡无奇的文物是一枚印章，它属于狄奥多西（Theodosios）四枚已知私人印章中的一枚。狄奥多西是拜占庭帝国的财政大臣，掌管国库和财政。有趣的是，这四枚印章中只有一枚是在地中海地区发现的，而其他印章包括这枚在里伯发现的印章，都是在丹麦和德国北部的考古挖掘工作中发掘出来的。这种印章的作用在于证明外交公文的有效性。它们诉说着一个庞大的贸易网络，而出土这些印章的小镇也属于庞大贸易网的一部分。由此可见，拜占庭的帝王不仅知晓这些小镇的存在，而且小镇对其而言意义重大。拜占庭帝国代表着南欧一股强大的政治和经济力量。

古尔古博

约公元 550—800 年
金·长：1—2 厘米
来自瑞典，黑尔戈（Helgö）
瑞典历史博物馆，瑞典，斯德哥尔摩

　　"古尔古博"（gullgubber）或"古德古博"（guldgubber）一词意为"小巧的黄金老头"。这种工艺品由薄如蝉翼的金箔制作而成，上面常印有人像图案，"古尔古博"一称便由此得来。这些精细的手工艺品遍布斯堪的纳维亚半岛的"中心地带"，即举行传统仪式和人员聚集的场所。它们是刻意被保存下来的，常藏于建筑物底部或四周。在瑞典黑尔戈发现的三十二片古尔古博是"双人"古博，上面刻有一对夫妇的图案。这些金箔象征物的具体用途我们不得而知，但根据当时的历史背景来看，它们通常会出现在传统仪式上。对于考古学家而言，古尔古博给他们提供了一个有利的视角，帮助他们更好地了解中世纪早期斯堪的纳维亚地区人们的穿着打扮和使用的武器。

刻有铭文的颅骨残片

公元 8 世纪中期
人体骨骼·长: 8 厘米
来自丹麦，里伯
西南日德兰博物馆，丹麦，里伯

这一非同寻常的文物是在前维京时代的丹麦里伯出土的。里伯原是一处人类定居地，之后逐渐演变成斯堪的纳维亚地区的首个城镇。这块颅骨残片有一由内而外的穿孔，很可能是刀尖穿透而成的，颅骨上刻有早期突厥如尼文字（runic script）。文字似乎是在颅骨已经老化并且潮湿的状态下刻上的，毕竟在这种状态下，雕刻更容易上手。颅骨上传递的是求救信息，很可能是为正在经受某种磨难的人祈求帮助，而其余部分文字也证实了这一点，因为上面写着"我们战胜了小矮人"，为此人们大肆庆祝。在中世纪早期，虽然处于基督教背景之下，但人们依旧普遍认为疾病是由某种神秘的怪物（如小妖精或小矮人等）带来的。当时不比 21 世纪，人们对细菌、病菌和病毒知之甚少，因此不难理解为何人们会将发烧生病归咎于某种虚构的形象，也不难理解为何这种颅骨护身符会被赋予魔力。

这一颅骨的具体用途我们难以预测，但穿孔四周没有磨损痕迹，这说明它不太可能是佩戴于身上的护身符或驱邪物。在整个北部地区，许多物品都刻有简短的如尼文字，我们可以将其视为魔法文字，甚至是早期的医学文本。

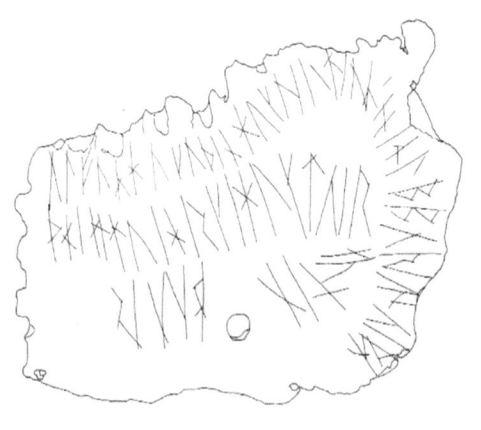

关于颅骨残片上的文字，人们有诸多不同的理解。这些铭文似乎是在传达对神王奥丁、战神提尔（Tyr）以及鲜为人知的乌尔夫（Ulf，意为"狼"）等北欧众神的召唤。

塔坦陶罐

公元 8—9 世纪
陶土，箔纸·高: 24.7 厘米，直径: 15.8 厘米
来自瑞典，比尔卡
瑞典历史博物馆，瑞典，斯德哥尔摩

　　产自莱茵兰地区的陶罐别具一格，人称"塔坦陶罐"（Tating ware）。这类陶罐遍布欧洲西北地区，通常由黑色黏土制成，表面经打磨之后呈现出明亮的色泽，其最与众不同之处在于陶器表面装饰着由某种黏合剂黏合的箔纸设计图案。图中这一陶罐出土于瑞典比尔卡 854 号墓穴，表面饰有带状的几何钻石纹样，底边装饰着一个由箔纸制成的加粗正十字架图样。它十有八九是从弗里斯兰商人那里买来的，而后流入比尔卡地区。塔坦陶罐分散于北海各地，而这有利于我们了解维京时期那些常被遗忘的沿海商人，探究他们带来的种种影响。

奥斯贝格船葬墓

公元 834 年
木头，铁，其他各种材料 · 长: 21.58 米
来自挪威，奥斯贝格
维京海盗船博物馆，挪威，奥斯陆

在所有维京考古发现当中，奥斯贝格船葬墓（Oseberg ship burial）大概是最广为人知的。虽然无法代表所有船葬墓，但它深刻地影响着人们对维京时代船葬的理解。这一船葬墓是在 1904 年挖掘出土的，墓中保留着一艘完整的维京长船。甲板上放置着一辆四轮马车以及三架雪橇，皆装饰华丽，绝非日常用具，很可能是祭祀游行用品，恰巧墓室中的一幅壁毯就记录了这样一个游行场景。甲板上有许多动物遗骸，包括十四匹马的骸骨。此外，甲板上还有一座帐篷形的墓室，里面存放着两具成年女性的尸骸。墓室内部布置得富丽堂皇，里面有纺织品、农物以及一些日常用品，比如农具和纺织工具，此外还有一个华丽的提桶，它很可能来源于爱尔兰（见第 68 页）。这一古墓曾在公元 10 世纪末遭到破坏，据推测是蓄意而为的政治行为，这也解释了为何墓中珍贵的金属制品会消失殆尽。

奥斯贝格船葬墓之所以如此受重视主要有两个原因。首先，这艘船提供了维京人懂得使用船帆的最初证据。其次，船葬遗骸展现了一幅浮华持久的精彩景象，从这一视角我们可以了解到斯堪的纳维亚人的信仰体系。

这艘船配有高大的桅杆，船身可容纳三十名桨手。在大海里，它一定是一艘乘风破浪的快船。船只通身雕刻精美，甚至吃水线以下也有纹饰。由此可见，下令打造这艘船的必定是一位身份显赫的贵族。

权杖头

公元 8 世纪
铜合金，珐琅，玻璃·高：9.3 厘米
来自瑞典，黑尔戈
瑞典历史博物馆，瑞典，斯德哥尔摩

　　瑞典的黑尔戈岛因带有异域风情的维京藏品而远近闻名，这些藏品通常与宗教有着千丝万缕的联系。除了一把来自埃及的科普特（Coptic）长勺和一尊来自印度的小型佛像，这一权杖（可能产自爱尔兰）也是在这座岛上发现的。这一权杖头也许曾装饰过某位主教的权杖，而后流入斯堪的纳维亚地区——或许是在某次突袭中掠夺而来的。该权杖头由铜合金制造而成，表层覆盖着彩色玻璃和珐琅镶嵌装饰，做工十分精细。权杖头呈现了一幅人首困于野兽口中的图景，很可能指代的是《圣经》中约拿与鲸鱼的故事。

盛有铁凸台的碗

公元 8 世纪中后期
铜合金，铁·直径：37.7 厘米，高：15.6 厘米
来自挪威，梅克勒博斯特（Myklebast）
卑尔根大学博物馆历史馆（University
Museum of Bergen），挪威

这只华美的搪瓷碗可能源自爱尔兰，无疑是劫掠之物。这只碗出土于公元 9 世纪末或公元 10 世纪初的古墓中，当时人们在一艘船只的灰烬中发现了它，这艘船可能比"奥斯贝格号"（见第 62 页）或"科克斯塔德号"（见第 70 页）还要大些。显然，船葬的主人是一位显赫的人物——说不定还是个国王——考古发现表明，船葬的主人富甲一方，影响巨大。这只碗是在靠近古墓中心的位置发现的。除了上面那堆已经风化的铁凸台外，碗里还盛有骨灰、棋子、骰子、武器、梳子和一颗玻璃珠。

奥姆西德碗

公元 8 世纪中叶
银，铜合金，玻璃
直径: 15 厘米，高: 6 厘米
来自英国，坎布里亚（Cumbria），奥姆西
德（Ormside）
约克郡博物馆（Yorkshire Museum），
英国，约克

这只华丽精美的碗很可能是出自诺森布里亚王国的一件杰作，于 19 世纪出土于坎布里亚。尽管它的出处不甚明了，但人们普遍认为它可能是从诺森布里亚王国某个修道院掠夺而来的，随后作为陪葬品被带到了坎布里亚。这只碗由两个贝壳形的盖碗组合而成，外层镀银，凸纹（锤击而成的浅浮雕）装饰，雕有盎格鲁－撒克逊和加洛林艺术中典型的动植物图案。碗内是镀金青铜，装饰有交织银丝和景泰蓝（金属丝编织而成的区域内有蓝色玻璃钉），堪称质量上乘的工艺品。

陶爪

约公元 600—1000 年
陶·长: 5—10 厘米
来自芬兰, 奥兰群岛 (Åland)
芬兰国家博物馆 (National Museum
of Finland), 芬兰, 赫尔辛基

把陶爪作为陪葬品似乎是斯堪的纳维亚东部某一族群的特色。这一习俗首先起源于奥兰群岛, 随后向东传入伏尔加河上游和今天的俄罗斯中部。有人认为, 这一陪葬方式彰显了熊和海狸等毛皮动物的重要性。也许这一族群特别擅长设陷阱和捕猎, 而以陶爪陪葬的墓穴恰恰勾勒出了他们的活动轨迹。皮草是维京时期斯堪的纳维亚的重要产品, 在维京人家园以南的温暖地区备受推崇。这些陪葬的陶爪清楚地表明: 在古斯堪的纳维亚信仰中, 动物占据中心地位。

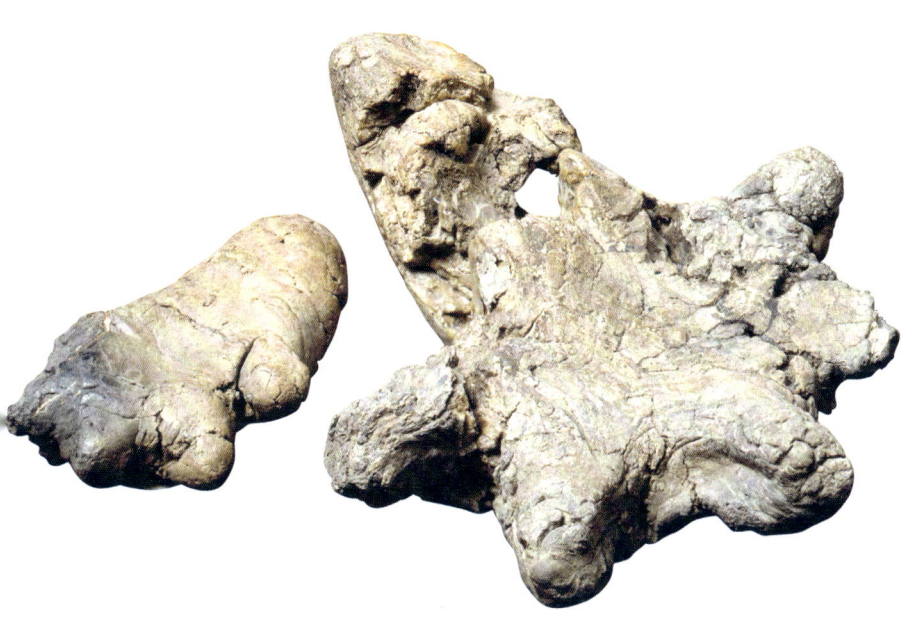

佛桶

陪葬于约公元834年
木头，铜合金·高：36厘米，底直径：32厘米，边缘直径：26厘米
来自挪威，奥斯贝格
维京海盗船博物馆，挪威，奥斯贝格

　　维京世界里的很多定居地都出土过木桶。木桶与食物储存、家居生活、手工艺活动，乃至船上生活都息息相关。人们所熟知的木桶大都出自奥斯贝格船葬墓（见第62页），其中包括两只装饰华丽的木桶。其中一只装饰有精美的铜合金配件，桶里还有一个长柄勺和一些苹果残渣。但是，最著名的当数所谓的"佛桶"。佛桶上的搪瓷以及极具特色的人脸装饰表明它可能是源于爱尔兰的教会用品，后被掠夺到挪威。在当代人看来，这只水桶非常夺人眼球，而在当时无疑也更深得斯堪的纳维亚半岛新主人的喜爱。它最终被放置在奥斯贝格船葬墓中，这表明留有这只佛桶的家庭属于精英阶层。在某种程度上，佛桶甚至被赋予了礼仪性或象征性的新功能。

木桶的把手处装饰有佛像铭牌，因此人称"佛桶"。由于佛像是坐着的，且画有万字符，因此观赏者都以为它来自南亚。当然，这也情有可原。实际上，这种装饰风格与爱尔兰艺术最为相似。

"科克斯塔德号"船

约公元890年
木头、铁·高: 23.22米
来自挪威,科克斯塔德
维京海盗船博物馆,挪威,奥斯陆

1879年的一天,科克斯塔德农场主的孩子们决定在农场里挖地寻宝。挖着挖着,他们发现了一座维京时期的船葬墓,甚是精美。此前,盗墓者已从中盗走了许多贵重金属,但其他随葬品保存完好。埋在这艘橡木船里的是一个四十多岁的富人,陪葬品十分丰富,有各种各样的动物和其他物品,如一个雪橇、三艘小船和六十四个盾牌,还有十二匹马、八只狗、两只苍鹰以及两只孔雀。

面包片

公元 9 世纪
有机体·现存宽度：约 5 厘米
来自瑞典，比尔卡
瑞典历史博物馆，瑞典，斯德哥尔摩

比约克岛位于瑞典比尔卡的维京小镇外，在这里，人们挖掘出很多火葬墓，还在墓里发现了面包片（大多已烧焦）。事实上，人们在好几座墓中都发现了完整的小面包。面包一般放在骨灰盒旁，旁边还放着其他陪葬品。在比约克岛发掘出的火葬墓中，年代最为久远的是一个孩子的坟墓，墓中还有船铆钉和雷神锤上的铁环。这些面包片由去壳的大麦和燕麦烘焙而成，呈椭圆形。有人认为，将面包作为陪葬品与财富、地位息息相关。难道这些面包是等来世再吃吗？

雷神之锤护身符

约公元 600—1000 年
银器 · 高：3.8 厘米
来自丹麦，勒默施泰尔（Rømersdal）
丹麦国家博物馆，丹麦，哥本哈根

　　维京时代流行用小锤吊坠做护身符。小锤象征北欧雷神索尔，索尔的兵器就是锤子——雷神之锤。虽然母题一致，但护身符的形状、制作方法、装饰物的种类和强度都各不相同。图中这只小锤吊坠的正面饰有一系列孔状圆点，布局十分讲究。它是在博恩霍尔姆（Bornholm）宝藏里发现的。博恩霍尔姆是丹麦的一个岛屿，位于波罗的海，其物质文化非常独特，颇具维京特点。

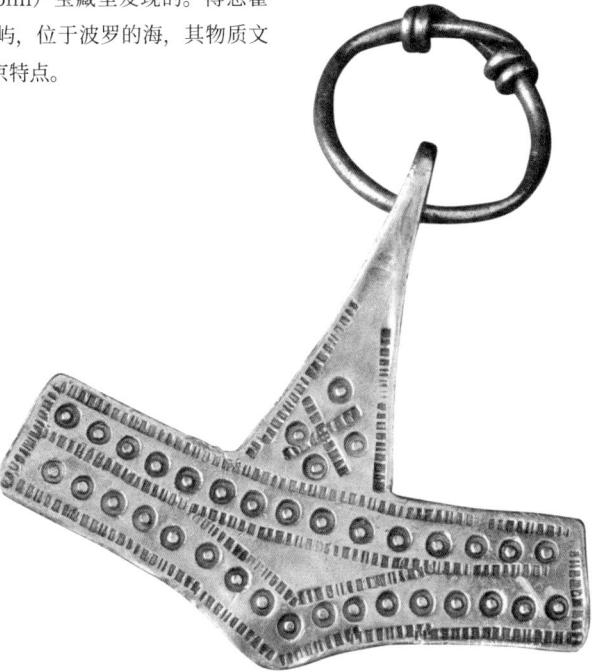

人形吊坠

约公元 800 年
银，镀金·高：4.6 厘米
来自丹麦，雷鸟宁厄（Revninge）
丹麦国家博物馆，丹麦，哥本哈根

　　这尊人像非同寻常：身体是二维的，头却是三维的；后脑勺有个小孔，说明它是一个吊坠。不过，这尊人像究竟是男是女，是人或是神，我们就不得而知了。值得关注的是，人像的着装雕刻得细致入微，从中我们不难窥见斯堪的纳维亚南部贵族的服饰。人像身上的服装材质各不相同，服装样式也五花八门，有长袖、短裙、衬裙和紧身上衣。人像的脖子上戴着一条长项链，项链悬挂在斗篷或披肩上。腰带处系着一个大大的三叶形饰针，这种饰针是从法兰克剑形腰带配件（见第 36 页）衍生而来的。

铜合金容器

公元 9 世纪末至 10 世纪
铜合金，乌银，铁·高: 6 厘米
来自丹麦，弗尔卡特（Fyrkat）
丹麦国家博物馆，丹麦，哥本哈根

这个容器发现于弗尔卡特的一个独特墓地。弗尔卡特是哈拉尔"蓝牙王"（Harald "Bluetooth" Gormsson，约公元 958—986 年）建造的环形要塞。这个容器一定是进口的，有可能来自亚洲，它与其他陪葬品十分相配。死者是一位地位显赫、见多识广、颇有品位的女性：她的衣服上绣着金线，佩戴着一枚华美的哥得兰盒形饰针（见第 33 页），脚趾上戴着银戒指。她被安放在一辆马车上，陪葬品中不仅有常用的纺织工具和一根烹饪扦子或是魔杖（见第 252 页），还有一个钱袋，里面装满了有毒的天仙子（可能用作迷幻药，也可能是与容器中发现的一种脂肪物质混合而成）。所有这些再加上其他不同寻常的陪葬品，都表明这位女性是某种预言家或巫师。

她与要塞的关系尚不清楚，但有充足证据表明，她游历四方，交游甚广，在要塞中扮演着非常特殊和重要的角色。那不是一个单由男人主宰的世界。

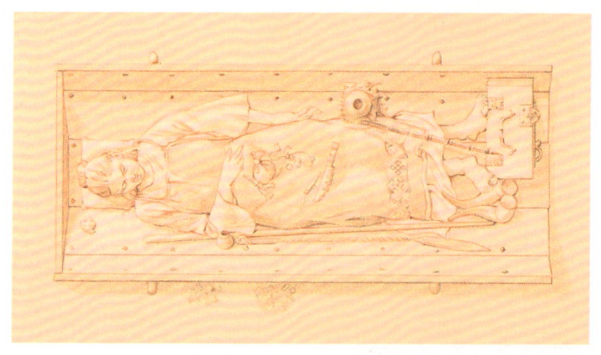

经艺术家再现的弗尔卡特女性坟墓让人感受到了它的非凡之处。死者穿着蓝色的衣服，佩戴着华丽的珠宝，身上盖着镶有金线的寿衣，她和颇有异国情调的陪葬品一同躺在木船里，甚至可能躺在隐蔽的船舱里。

刻有铭文的圣物匣

公元 8 世纪
木头，铜合金，搪瓷·高: 22.8 厘米
来自挪威
丹麦国家博物馆，丹麦，哥本哈根

　　这个圣物匣的独特形状和装饰表明，它是于公元 8 世纪在爱尔兰或苏格兰的一座修道院中制作而成的，匣中曾存有一件基督教遗物，之后它被带到一个截然不同的世界——斯堪的纳维亚西部。匣子底座用古北欧文字刻着"兰维珂（Ranvaik）乃此圣物匣之主人"。兰维珂是一位女性的名字。很有可能这个圣物匣到了维京人手里暂时被赋予了新功能，有人猜想它曾作为结婚礼物被赠予他人。事实上，具有异域风情的物品在构建家庭纽带和政治关系方面作用巨大。可能正因如此，维京海盗才劫掠四方吧！

鹿角碎片

约公元 700—850 年
兽骨（鹿角）· 平均长度：3 厘米
来自丹麦，里伯
西南日德兰博物馆，丹麦，里伯

　　鹿角碎片的存在足以证明梳子制作工艺在城市生活中举足轻重。在斯堪的纳维亚半岛，梳子制作经常被视为中世纪早期城市生活的关键特征。维京时代的梳子（见第 93 页）由许多小块鹿角组成，在用铁或铜合金铆钉装配之前，每个鹿角都要用专业工具来确定大小和形状。要制作一把光滑、干净的梳子，需要使用切割好或穿好孔的装饰物，还得把鹿角粗糙的表面锉平，这一过程会留下数不胜数的小刨花。这些刨花废料对考古学家来说可是无价之宝，考古学家可以利用分子生物学技术来鉴定这些材料，从而了解维京时代制梳工匠的关系网络与行走轨迹。

进口珠子（串珠）

约公元 790—900 年
玻璃，金，银箔·单色珠子的平均直径：0.3 厘米
来自丹麦，里伯
西南日德兰博物馆，丹麦，里伯

　　公元 8 世纪，里伯等地玻璃珠制造业兴旺发达。从地中海地区进口的小块镶嵌大理石原料满足了人们对色彩鲜艳、式样精美的珠子的需求，但到了公元 8 世纪后期，近东地区的进口珠子开始大规模涌入。进口珠子特色鲜明，极易分辨：或分段，或有"眼睛"（由彩色同心圆组成），或包箔。

碎金

存放于公元 872—873 年
铜合金，金·长：1.4 cm
来自英国，托克西（Torksey）
菲茨威廉博物馆（Fitzwilliam Museum），
英国，剑桥

　　碎金是指为了经济贸易，按重量划分切碎的黄金珠宝等物品。与在英国、爱尔兰、斯堪的纳维亚半岛和欧洲大陆发现的大量碎银宝藏相比，碎金实属罕见。然而近年来，碎金的重要性已经开始显现。公元 872 至 873 年，维京大军曾在林肯郡（Lincolnshire）托克西安营扎寨过冬。来自林肯郡托克西的几块碎金向我们讲述了维京军营里发生的种种活动。这些碎金中有些实际上并不是真正的黄金，而是镀金铜合金制成的铸锭和铸棒，这表明彼时彼地的贸易往来也毫无诚信可言。

镶币砝码

约公元 870—875 年
铅·直径：约 2 厘米，重量：71.53 克
来自英国，多塞特（Dorset），金斯顿（Kinston）
大英博物馆，英国，伦敦

　　铅制砝码上的反面铭文是这枚盎格鲁 – 撒克逊硬币唯一残存的部分。铭文显示，这枚不翼而飞的硬币是由盎格鲁 – 撒克逊铸币者比亚尔奈夫（Biarnulf）铸造的。这是一枚半月形银币，很可能是以威塞克斯国王阿尔弗雷德大帝（公元 871—899 年在位）的名义铸造的。在不列颠群岛活动的维京人发明了用硬币装饰砝码——类似于用小块金属制品装饰砝码（见第 90 页和第 95 页）。在这枚砝码附近发现了另一枚与其相似的镶币砝码。人们认为，这两枚镶币砝码与公元 875 至 876 年驻扎在多塞特郡韦勒姆（Wareham）的维京大军有关。

诺森布里亚厚银币

公元 854—900 年
铜合金·直径：约 1 厘米
来自英国，博尔顿（Bolton），珀西（Percy）
约克郡博物馆，英国，约克

　　厚银币是公元 8 到 9 世纪末诺森布里亚王国铸造的小面额、低值银和铜合金硬币。当时，它们是该地区最常见的硬币，尽管在诺森布里亚以外很少有此类钱币流通。厚银币的正面通常刻有诺森布里亚在位国王（或大主教）的名字，反面则是铸币者的名字。这枚特殊的厚银币正面是约克大主教伍尔夫希尔（Wulfhere，公元 854—900 年），反面是铸币师伍尔弗雷德（Wulfred）。公元 866 年，维京人征服了约克。公元 867 年，诺森布里亚王国最后的盎格鲁–撒克逊统治者奥斯伯特（Osberht）和埃勒（Aella）国王相继被杀。但伍尔夫希尔大主教抵挡住了维京人的入侵，所以硬币的正面刻的仍然是他的名字。

天平和砝码

公元 875—925 年
铅，搪瓷，铜合金·砝码平均长度：3 厘米
来自英国，科伦赛（Colonsay），基洛伦湾（Kiloran Bay）
苏格兰国家博物馆，英国，爱丁堡

在苏格兰科伦赛岛，一艘俯瞰基洛伦湾的小船上埋葬着一名斯堪的纳维亚武士。他的陪葬品有一匹马、一些武器和工具、一枚饰针以及这套天平和砝码。六个铅制砝码上装饰有掠夺而来的爱尔兰金属制品。这架等臂天平还配有小托盘，托盘挂在细链上，称重物品则放入托盘内。像这样的天平和砝码是维京商人行走四方时必备的重要物品。银的重量可以利用标准铅砝码来测量，而掠夺来的银器和银币的纯度则通过刻划或弯曲的方式来检验。

斯皮林斯宝藏

存放于公元 870—871 年后不久
银·总质量：67 千克，臂环平均直径：约 8 厘米
来自瑞典，哥得兰岛
哥得兰博物馆，瑞典，维斯比（Visby）

波罗的海的哥得兰岛是目前世界上最大的维京时代银器藏宝地。在哥得兰岛已知的数百个宝藏中，斯皮林斯（Spillings）农场的宝藏是世界上最大的维京时代银器宝藏。这批宝藏实际上是分成两摞单独存放的，外面是个小木箱，里面包着盐袋。宝藏中有大量伊斯兰硬币、欧洲硬币以及数以百计的哥得兰和爱尔兰－挪威的臂环、银锭和碎银。许多臂环钩在一起，可能是为了方便计数，也有可能是为了形成巨大的累积重量。在宝藏附近还发现了大量铜合金物品。这三处宝藏都存放在某个储藏室的下方。到公元 9 世纪末，此处已经积累了一笔数量惊人的财富，但出于某种原因，这笔财富从未使用过。这批宝藏之前存放在一个贵族的农场里。或许是因为该农场附近有一个重要的入海口，贸易优势显著，所以累积了这样一笔巨额财富。

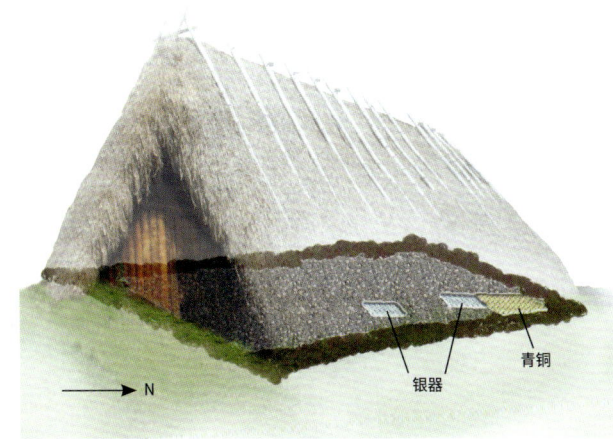

N

银器   青铜

宝藏四周的挖掘结果表明，那里曾矗立着一座建筑物。为了取出这批宝藏，人们才在石头垒成的地基上清理出一片片空地。很可能是有人故意把这批宝物藏在建筑的木地板下面的。

法兰克币

存放于公元 879—880 年
银·直径：约 2 厘米
来自英国，沃特灵顿（Watlington）
阿什莫尔博物馆，英国，牛津

这枚加洛林银币是在一堆珠宝、银锭、碎银和两百多枚硬币中发现的。其中大部分硬币是在英格兰铸造的，但这枚加洛林银币表明了英格兰曾与法兰克王国有过接触。很可能这枚银币的主人在加入维京大军之前，曾从欧洲大陆前往英格兰旅行。公元 878 年，阿尔弗雷德大帝与维京人达成和解，同意他们在英格兰东部定居，不久后这堆金银珠宝就被藏了起来。这很可能是一名维京士兵在战争结束后，经由沃特灵顿向东行进时为了安全起见才埋起来的。

镀金兽首饰品

公元 8—9 世纪

铅，铜合金，镀金·长：3.3 厘米

来自爱尔兰，都柏林，凯拉敏特汉姆－艾兰布里奇（Kilmainham-Islandbridge）

爱尔兰国家博物馆，爱尔兰，都柏林

　　从盎格鲁－撒克逊人、皮克特人、爱尔兰人和法兰克人那里掠夺来的华丽饰品往往会被维京人赋予新的用途，砝码上的这一镀金青铜兽首就是最好的例子。这些与众不同的装饰元素可用来区分功能不同的砝码，而且它们还便于个人记录自己的砝码。这个镀金兽首出土于维京凯拉敏特汉姆－艾兰布里奇墓葬群的一个墓穴。它被发现于 19 世纪，威廉·王尔德爵士（Sir William Wilde）最早对其做过描述。王尔德爵士是一位杰出的外科医生、作家和古文物研究者，也是著名作家奥斯卡·王尔德（Oscar Wilde）的父亲。

法兰克水罐

约公元 750 年前
陶·高：约 20 厘米
来自丹麦，里伯
西南日德兰博物馆，丹麦，里伯

2015 年，丹麦里伯的考古学家从该镇最古老的公墓中挖出了一件墨洛温王朝（Merovingian）时期的容器。这件小型容器制作于公元 750 年前的西欧大陆，是一个三叶纹水壶，壶嘴和壶柄极具特色。尽管在诸如海泽比（Hedeby）等其他贸易场所发现了少数墨洛温王朝时期的容器，但目前还未发现其他三叶纹水壶。这是一个经由陶轮转动成型的精致细颈椭圆水罐，可能是用来倒酒的。这一早期水罐的发现表明，在里伯发展成为贸易中心之初，里伯一直与法兰克王国保持着密切的贸易往来。

梳子

约公元 8—10 世纪
骨头（鹿角），铁·长：约 17 厘米
来自英国，约克
约克郡博物馆，英国，约克

　　梳子是重要的私人物品，在中世纪早期北欧的坟墓和定居地都有发现它们的踪迹。制作梳子需要专业的技能、工具和材料（见第 79 页），这些梳子的尺寸和常见的装饰表明，它们是重要的展示品和个人卫生用品。梳子的作用绝不仅仅在于梳头，还可以彰显头发所具有的体现身份和地位的特殊作用。这把来自约克的梳子并不是典型的斯堪的纳维亚梳子：它的几何装饰和错排的疏密梳齿显露出它与盎格鲁 – 撒克逊、法兰克或弗里斯人有着千丝万缕的联系。

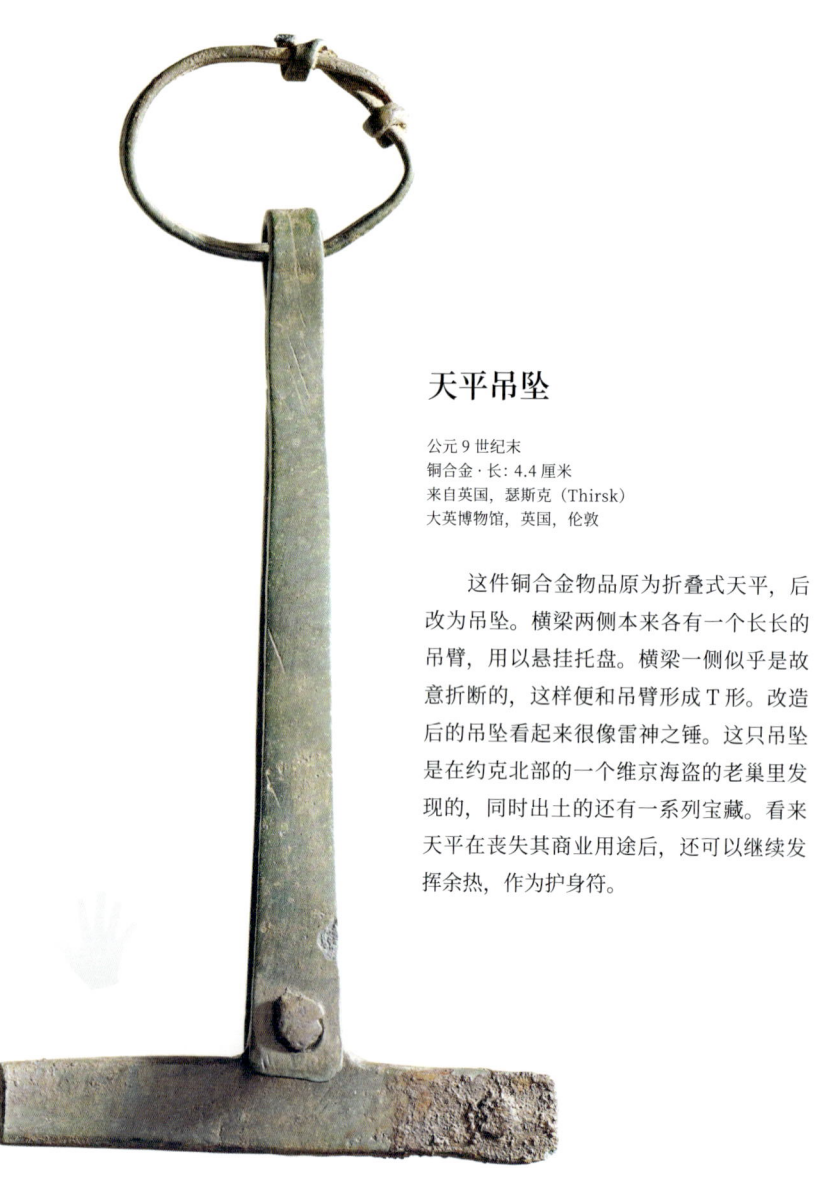

天平吊坠

公元 9 世纪末
铜合金·长: 4.4 厘米
来自英国, 瑟斯克 (Thirsk)
大英博物馆, 英国, 伦敦

　　这件铜合金物品原为折叠式天平, 后改为吊坠。横梁两侧本来各有一个长长的吊臂, 用以悬挂托盘。横梁一侧似乎是故意折断的, 这样便和吊臂形成 T 形。改造后的吊坠看起来很像雷神之锤。这只吊坠是在约克北部的一个维京海盗的老巢里发现的, 同时出土的还有一系列宝藏。看来天平在丧失其商业用途后, 还可以继续发挥余热, 作为护身符。

人脸图像砝码

约公元 850 年
铅，玻璃，搪瓷，铜合金·长：约 2 厘米
来自爱尔兰，伍德敦（Woodtown）
雷金纳德塔博物馆（Reginald's Tower
Museum），爱尔兰，沃特福德（Waterford）

这个镶有精美玻璃人头像的铅制砝码是在爱尔兰伍德敦的维京时代交易站发现的。砝码通常用来衡量银的重量。近年来，人们发现了许多大小不一、形状各异的维京时代的铅制砝码。有些砝码极具个性，软铅里镶嵌着掠夺来的金属或其他材质的装饰物。人们将蓝绿色的人脸图像玻璃镶嵌在铜合金底座内，此前它可能装饰过爱尔兰神龛或簪子。这小小的人脸图像想必吸引了一位伍德敦维京商人的注意，使它在一众铅制砝码中脱颖而出。

臂环

公元 9 世纪末—10 世纪初
银·直径: 7 厘米, 重量: 49.2 克
来自爱尔兰
大英博物馆, 英国, 伦敦

  银制臂环既可以作为珠宝佩戴, 也是随身携带的财富象征。这个发现于爱尔兰的臂环是典型的爱尔兰 – 斯堪的纳维亚"宽带式"臂环, 该臂环由一条扁平的长方形银带制成, 两端逐渐变细。要不是周边一个小部件丢失了, 它原本还是可以调节的。臂环中间装饰有双十字架, 十字架两侧有一排排简单的条形印记。臂环上的划痕表明它曾在转手交易的过程中做过银纯度鉴定。

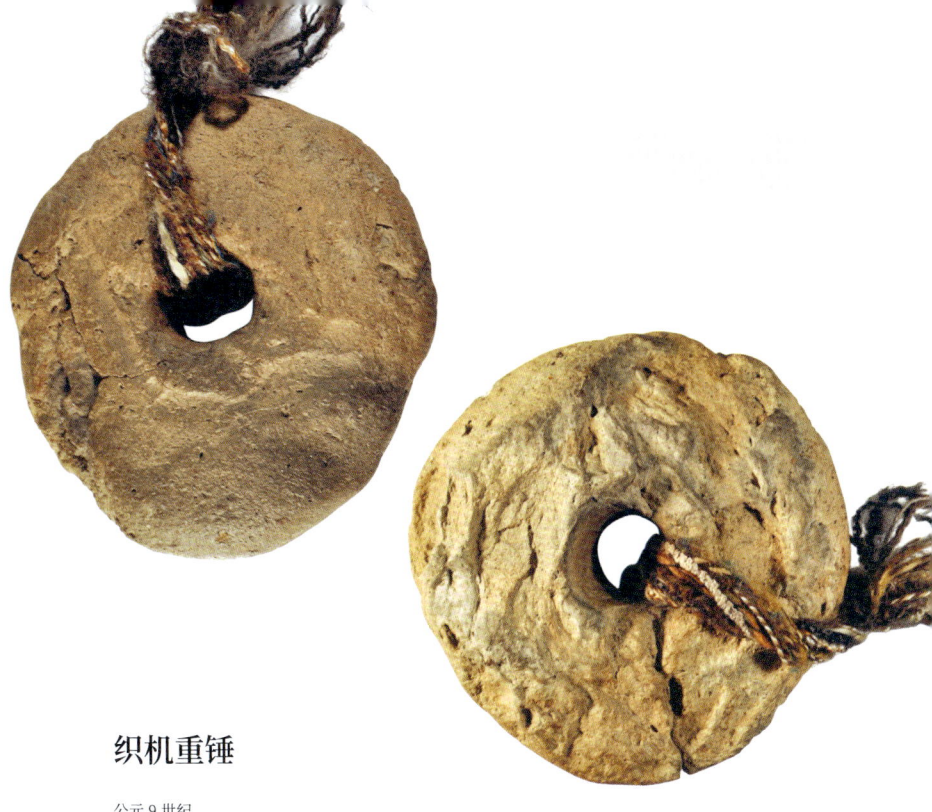

织机重锤

公元 9 世纪
陶，羊毛·长：9.5 厘米
来自英国，约克
约克郡博物馆，英国，约克

　　如今，只有这些极不规则的大型陶制圆块才能证实维京时代织机的存在。在纺织过程中，这些圆块的重量可以压住经纱，以便织布者对纬纱进行加工。对此类物品的出土地点的分析表明，纺织品的生产往往会在小屋或棚舍这类"下沉式建筑"中进行。在维京时代，纺织工作似乎带有某种神话色彩，它是专属于女性的工作——所有女性，不论高低贵贱，都会参与到纺织的各个环节之中。因此，纺织作坊可能带有强烈的性别属性，其意义不容小觑。

龙头铸模

约公元 900 年
滑石（皂石）· 铸模设计长度：4.1 厘米
来自瑞典，比尔卡
瑞典历史博物馆，瑞典，斯德哥尔摩

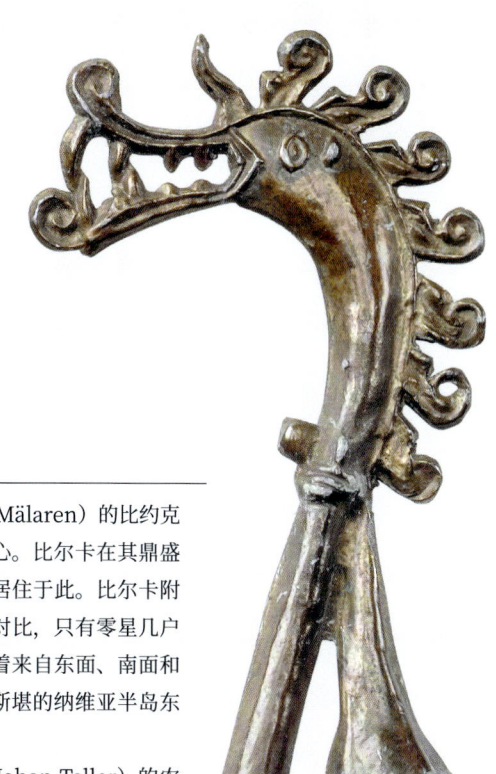

瑞典比尔卡位于梅拉伦湖（Lake Mälaren）的比约克岛之上，它是维京时代繁荣的贸易中心。比尔卡在其鼎盛时期人口众多，有一千五百至三千人居住于此。比尔卡附近的维京时代定居地却与之形成鲜明对比，只有零星几户人家居住。在维京时代，比尔卡连通着来自东面、南面和西面的多条长途贸易路线，因而成为斯堪的纳维亚半岛东部繁华的国际大都市。

1887 年，一个名为约翰·特勒（Johan Teller）的农民在其位于比尔卡的农场中发现了一个皂石铸模。皂石，又名滑石，是一种质地柔软的滑石型岩石，维京时代的雕刻品多用其作为原材料。人们在皂石上雕刻出造型精美的龙头图案，然后将熔化的金属注入其中，从而铸造出华丽的饰针或饰品。如此复杂精巧的设计也使该龙头图案成为维京时代比尔卡的象征。

但故事并未就此结束。2015 年，考古学家在比尔卡港口的挖掘过程中发现了曾名噪一时的龙头装饰的小件青铜饰品。他们一眼便认出该饰品是由著名的龙头铸模打造而成的。该手工制品曾是一枚装饰性的饰针，但现在只剩下龙头部分。

上图所示的复原物展示了龙头铸模打造出的成品，该铸件可能用于制作饰针或与之类似的饰品。最近，比尔卡港口出土了一件与之相同的物品，其材质为铜合金，该物品无疑是于一千多年前用同一龙头铸模制作而成的。

满满当当的斧头毛坯

公元 9—11 世纪
铁，木头（云杉）· 杆长：73 厘米
来自丹麦，久斯兰（Djursland），
斯特兰德（Gjerrild Strand）
丹麦国家博物馆，丹麦，哥本哈根

这是一个来自丹麦海岸的考古发现：十二把铁斧头毛坯整齐地排列在一根木杆上，而木杆的一端还装有用来固定斧头的闩子。斧头毛坯的形状与斯堪的纳维亚西部的斧头类似，木杆则由云杉制成，两者均表明这一文物是从现为挪威的地方传入了丹麦海岸。铁矿石的开采大多在西北部的北极外域进行，因此铁和铁制品在斯堪的那维亚南部低地极为抢手。这一斧头毛坯定是作为存货从挪威购得，但随后在丹麦海岸附近遗失了。这不禁让人疑惑它们本该去往何方。

城镇与贸易

在英格兰北部，盎格鲁－撒克逊文化和斯堪的纳维亚文化不断融合，形成了新的"盎格鲁－斯堪的纳维亚"文明。这一特色在英格兰北部的雕刻中体现得尤为明显。这个来自约克郡米德尔顿（Middleton）的十字架更是将基督的肖像与斯堪的纳维亚军事领主的形象合为一体。

公元 10 世纪是一个商业、定居地以及权力均有所扩张的时期。在这一阶段，探索新大陆的远洋航行不胜枚举，贸易和工业组织形式日新月异，政治权力日益集中。如果说维京时代早期相当于中世纪早期的蛮荒西部，那么接下来的一百年则为中世纪欧洲社会的形成埋下了种子。

在维京大军结束东征西讨后，英格兰北部的一些斯堪的纳维亚入侵者开始定居下来。从考古学的角度来看，我们很难确定维京人究竟是如何夺取定居地的，但约克郡科塔姆（Cottam）的考古发现让我们得以一窥究竟。在这里，曾经物产丰饶的盎格鲁－撒克逊土地自公元 9 世纪后渐渐没落，附近一座新建的斯堪的纳维亚农场则日益繁盛。但并非维京大军中的所有人都像英国乡绅贵族一样甘于平凡。他们中有些人选择重返故里，继续当一名四海为家的士兵或雇佣军，抑或踏上新的征程，开拓奥克尼（Orkney）和诺曼底（Normandy）的新殖民地。另一些人则沉迷于城市纸醉金迷的生活。自罗马时期以来，英国和爱尔兰首次出现了城镇。由于人口增长迅速，卫生条件落后，小偷、乞丐和奴隶贩子随处可见，约克、林肯和都柏林等城镇的健康状况堪忧，甚至危机四伏。然而，城镇依然让人心生向往。在这里，你可以和形形色色的人打交道，你可以买到来自遥远彼岸的商品和出自能工巧匠之手的物品。从贸易、税收、租金甚至勒索中获得的利润也极为可观。在城市生活中，机会与健康向来难以两全，但对少数幸运儿来说，他们往往能获得天赐良机。不过，这一时期并不是经济欣欣向荣的太平盛世。阿尔弗雷德大帝割让了英格兰北部和东部，而他的继任者为了从斯堪的纳维亚人手中夺回这些土地付出了艰苦卓绝的努力。威塞克斯的长者爱德华（Edward the Elder）联合其统领麦西亚（Mercia）的姐姐埃塞尔弗莱德（Aethelflaed），开启了长达半个世纪的盎格鲁-斯堪的纳维亚战争，威塞克斯这才异军突起，成了后来英格兰的主导力量。

在北海，哈拉尔"蓝牙王"凭着百折不挠的韧劲才得以巩固其丹麦统治者的地位。他在耶灵的纪念碑上刻上文字，声称要一统丹麦并让丹麦人皈依基督教。他曾是历史上名噪一时的挪威国王。他的继任者同样野心勃勃，八字胡斯韦恩（Sweyn Forkbeard）和克努特（Cnut）最终成功登上英格兰王国国王的宝座（见第 196 页）。

斯堪的纳维亚全境的经济都在蓬勃发展，这不只是因为在世纪接近尾声之际，入侵者从英格兰王国的国库中劫掠了大量白银，作为"丹麦税赋"。该地区大部分是农村，但少数重要的市场仍起着连通长途旅行、贸易和通信的枢纽作用。尽管里伯在公元 9 世纪中叶便不复存在，但维京时代早期的贸易城市如比尔卡、海泽比和凯于庞仍是一派欣欣向荣的景象，而公元 10 世纪见证了奥胡斯等新兴城镇的建立。哥得兰岛的成功尤为值得一提，该岛位于波罗的海中部，其日渐繁盛的经济正是得益于其得天独厚的地理位置。比尔卡和哥得兰在与东方的贸易活动中聚敛了大量财富。自公元 9 世纪以来，斯堪的纳维亚人的身影就活跃在现俄罗斯西部的

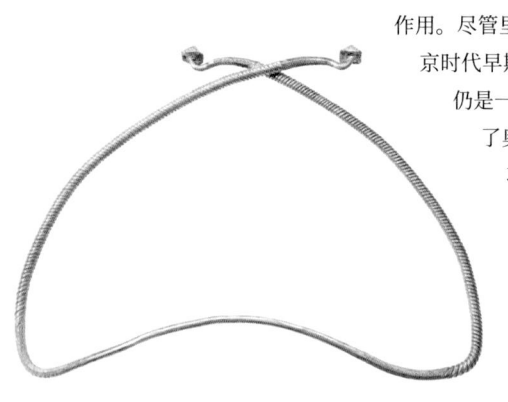

维京白银经济受到远至爱尔兰和中东地区的政治和经济活动的影响。这种彼尔姆颈环（Permian neck ring）原产于现在的俄罗斯西部，但这种风格的臂环和颈环也在斯堪的纳维亚半岛和其他一些地区出现过。

哈拉尔"蓝牙王"对权力的追求体现在很多大型基建工程上。除了在耶灵的皇家建筑群，他还下旨修建了颇具野心的公路和桥梁建设工程，扩展了防御工事，并建造了特色鲜明的环形要塞，上图所示的特雷勒堡（Trelleborg）要塞在斯堪的纳维亚地区更是史无前例。

条条大河上，而在公元 10 世纪，阿拉伯就有文献记载了伏尔加河上皮草商人（可能是斯堪的纳维亚人）的各种风俗习惯。斯堪的纳维亚人在俄罗斯和乌克兰自然免不了要进行贸易活动并收取贡赋（强取豪夺）。从大量斯堪的纳维亚风格的墓葬中可以明显看出斯堪的纳维亚人在此定居的痕迹。像基辅这样的城镇似乎也成了旅途中的歇脚处，人们在此稍事休息后继续向南行进，前往帝国城市拜占庭。

针织短袜

公元 10 世纪
纺织品·长: 25 厘米
来自英国，约克
约维克维京中心，英国，约克

　　在所有来自维京时代的约克的物品中，这只袜子的地位是最重要的，因为它是为数极少的、毫无争议是在斯堪的纳维亚制造的手工制品之一。它是用一种名为"nålebinding"的编织工艺制作而成的，该工艺在世界若干地方都广为人知，尤其是在史前和早期的斯堪的纳维亚半岛。在英格兰，唯一一件可大致与之媲美的物品出自维京大军希思伍德（Heath Wood）墓地，该墓地坐落于德比郡英格比（Ingleby）附近。这只短袜不太可能是商品，很可能是一位斯堪的纳维亚游客穿着它来到约克的。

铁锅

公元 10 世纪中叶
铁·直径：35 厘米
来自英国，约克，铜街（Coppergate）
约维克维京中心，英国，约克

　　这口铁锅是在约克铜街发现的。它的制造工艺十分简单但对技艺的要求比较高——工匠要用锤子将铁皮敲打成碗状。它原本和现代的煎锅或炒锅一样配有手柄，但现在只剩下锅和手柄相连的部分。这种类型的锅与大锅以及其他形式的铁器皿相比并不常见，而且这口铁锅的主人似乎也将其视若珍宝，从锅身的金属贴片和铆钉就能看出多次修补的痕迹。

木箱

公元 10 世纪
木头（橡木），铁·长：52 厘米
来自德国，海泽比
海泽比维京博物馆（Viking Museum Haithabu），德国

　　该图展示了海员箱的前部（上图）和后部（下图）：它兼具储物箱和划手船凳的功能。箱子是在海泽比港口发现的，但它与沉船并无太大关联，而且离码头也有一段距离，不大可能是从码头边缘不慎落水的。箱子敞开着，翻倒在泥土里，箱子上的铁锁也被凿了出来，里面只有一块孤零零的大石头。这无疑是一个犯罪现场。有人想将箱子里的物品占为己有，为了掩人耳目，将箱子扔到了船外，并装入一块石头使其沉入水中。

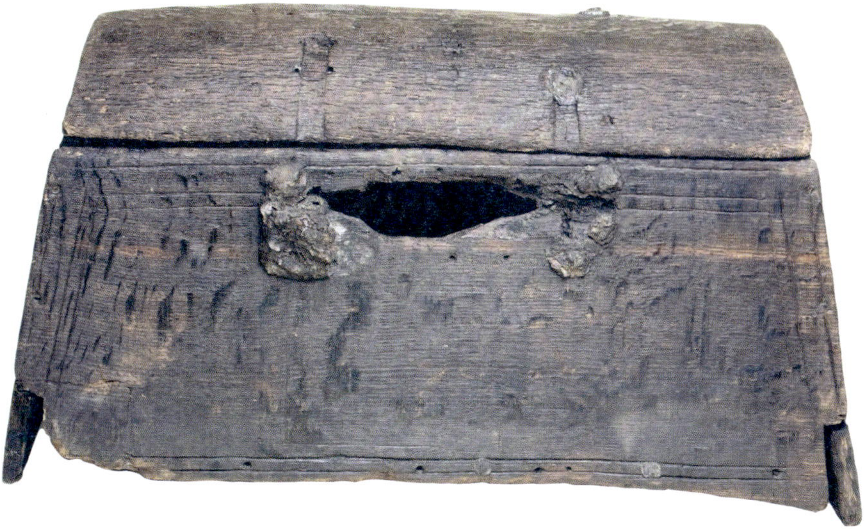

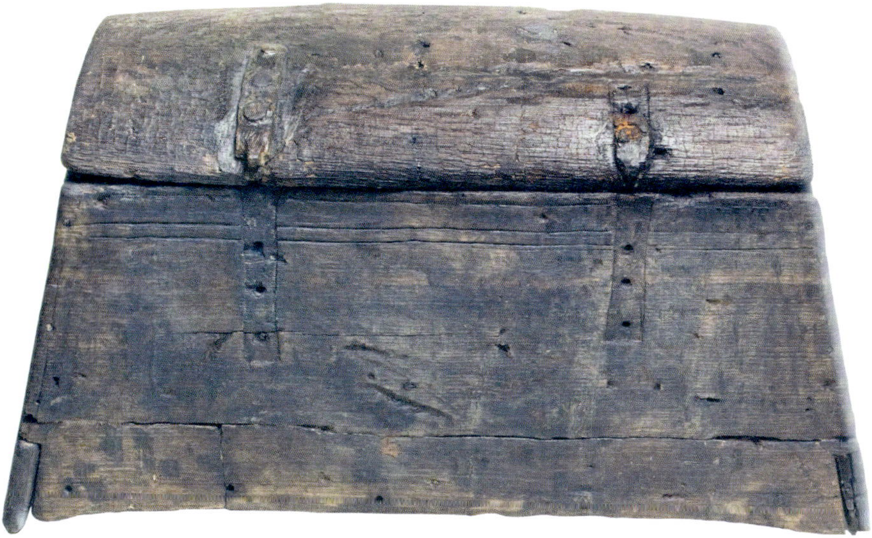

棋盘

公元9世纪末—10世纪

木头（紫杉）·宽：25厘米

来自爱尔兰，巴林德里岛（Ballinderry Crannog）

爱尔兰国家博物馆，爱尔兰，都柏林

这款装饰华丽的棋盘由紫杉木雕刻而成，两侧各有一个突出的人头。棋盘边缘饰有一系列几何图案，包括博勒风格的"环链"纹饰。棋盘中间的对弈区域分布着呈网格状的点阵，这些小孔大概是用来固定棋子的，但很难确定该棋盘适用于哪种棋类游戏。该棋盘可能是在斯堪的纳维亚作坊里生产的，该作坊可能位于爱尔兰海地区。

北欧铃

约公元 864—940 年
铜合金·高: 3 厘米
来自英国, 约克郡, 科塔姆
赫尔和东赖丁博物馆 (Hull and East Riding
Museum), 英国, 赫尔河畔金斯顿 (Kingston-
Upon-Hull)

这个六角形的小铃铛讲述了一个重要的故事。它是在约克郡的科塔姆发现的, 在建立新的盎格鲁 – 斯堪的纳维亚农庄之前, 维京大军似乎已经到访过这片声名远扬的盎格鲁 – 撒克逊土地。公元 10 世纪, 类似的物品在英格兰北部、威尔士、苏格兰、爱尔兰和冰岛已是司空见惯, 但在当时的斯堪的纳维亚半岛则是闻所未闻, 斯堪的纳维亚地位显赫的女性很可能将其作为护身符佩戴。与此同时, 这些物品向我们诉说着这样一个故事: 这是兴建之中的社会, 既不是本土的, 也不是北欧的, 而是一个新的、混合的、带有殖民色彩的社会。

皮靴

公元 9—12 世纪
皮革 · 长: 23.5 厘米
来自英国, 约克
约维克维京中心, 英国, 约克

　　鞋子、皮带和其他皮革制品不易在干燥的土壤中保存, 但约克中部地区的土壤富含有机沉积物, 因此这里出土了大量皮革制品。这只及踝皮靴造型精美, 穿的时候只需用鞋上的搭扣固定即可。它应该是穿在右脚上的, 按今天的标准来看, 这只鞋的码数不大。这只皮靴制作精良, 它在缝制时还用到了鞋楦, 其产地可能就是约克, 因为在约克发现了大量皮革加工的证据。

火钢

公元9世纪末—10世纪
铁，铜合金·宽：7厘米
来自挪威，奥森（Åse）
卑尔根大学博物馆历史馆，挪威

火钢与打火石相击便能产生火花，用于点燃干燥的火绒和引火物，因此，这种"火钢"在维京时代的日常生活中至关重要。火钢在斯堪的纳维亚半岛出土的物品中很常见，在定居地和男性随葬品中都能看见它们的身影。但如此华丽的风格给它增添了一丝与众不同的气息，这揭示了斯堪的纳维亚与位于其东部的芬兰或俄罗斯西部之间的联系。

挂锁

公元 10 世纪
铁·长：8.6 厘米
来自英国，约克，铜街
约维克维京中心，英国，约克

  锁和钥匙的广泛使用（见第 26 页）揭示了许多重要的信息，其中包括维京时代社会的组织方式以及人们对个人财产和私人空间的看法。在城镇中，保护个人财产是一个不容忽视的问题，因为日益壮大的社区中容纳了来自五湖四海的陌生人。这类装置的有效性尚待考证（见第 108 页），但其采用的技术相当先进。这个桶状挂锁的一端挂有一把钥匙，大概是用于安全存放某类具有特殊价值的物品。

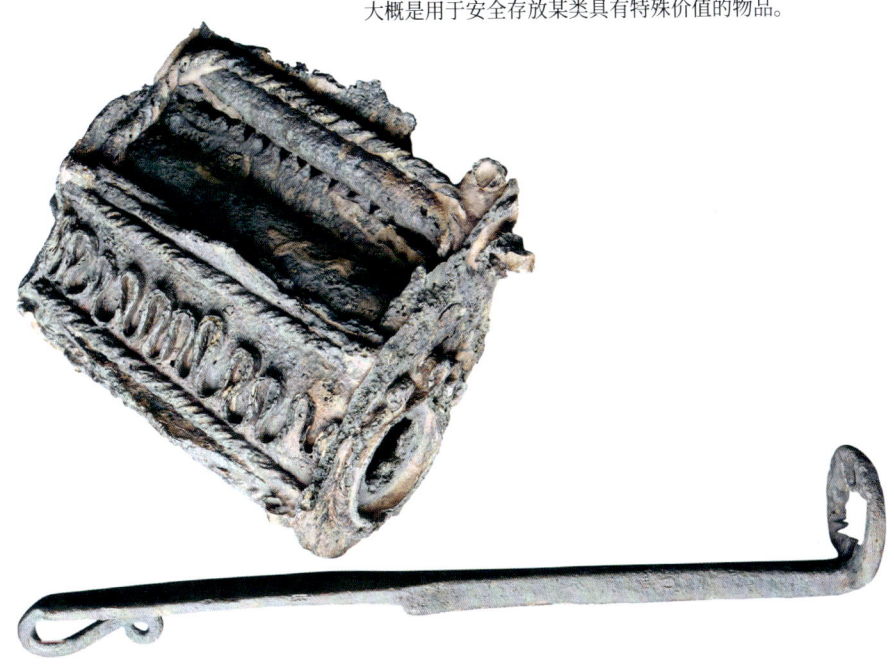

真丝头巾

公元 10 世纪和 11 世纪
纺织品·下方头巾长度: 35 厘米
来自爱尔兰, 都柏林
爱尔兰国家博物馆, 爱尔兰, 都柏林

　　用于制作这些头巾的丝绸可能来自地中海南部或中东地区, 但其款式与不列颠和爱尔兰的风格类似。这些物品完美地揭示了本地市场和长途贸易网络是如何紧密联系在一起的。在林肯和约克的维京遗址中也发现了类似的头巾, 并且有磨损和修补的迹象。这些款式各异的帽子和头巾也许能说明盎格鲁－撒克逊时期和斯堪的纳维亚时期出现了不同的时尚潮流。

大壶

公元 10—11 世纪
陶·高：44 厘米
来自英国，约克，铜街
约维克维京中心，英国，约克

　　这只近乎完整的大壶出土于约克铜街的维京遗址，而它相对完好的外观很大程度上要归功于文物修复人员的努力——他们将大壶的一百七十块碎片拼合在了一起。这类陶器的制作十分专业，先要在陶轮上加工一轮，而后放入高温窑中烧制。众所周知，这类陶器来自盎格鲁－斯堪的纳维亚的一个小镇，该小镇成长于林肯郡托克西军营的羽翼之下。大壶从镇上经水路运到了位于其上游大约八十千米的约克。为何维京时期的约克未能产生类似的陶器产业，这仍是个未解之谜。

　　这只巨大的容器曾用于储存液体，可能是酒精饮料。大壶的肩部和壶口边缘处设有多个样式不同的手柄，整个壶身均分布着类似拇指按压出的条状装饰。用皮带或绳索穿过手柄便可将其固定，这样一来便能倾斜壶身用来倒酒。无论如何，这只大壶肯定不是在餐桌上使用的物品。

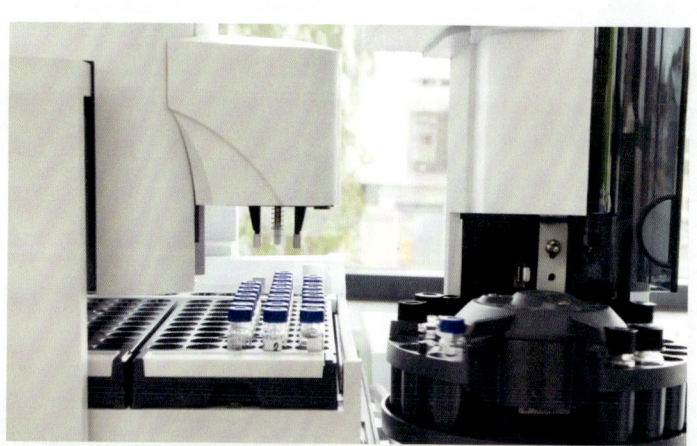

考古学家正在使用气相色谱－质谱法来测定从维京时代的容器中钻取的粉末样品，该技术能提取在烹饪过程中浸入壶壁的油脂和蜡的"指纹"。这些大壶并无加热过的迹象，壶内也没有肉类、鱼类或乳制品的残留，这也说明它们确实是用于储存啤酒、水或类似饮品的。

骨制滑冰鞋

公元 9—11 世纪
骨头（兽骨）·长：20—25 厘米
来自英国，约克
维克郡博物馆，英国，约克

    兽骨是维京世界的重要原料，它在古代就和现在的塑料一样，用途极为广泛。在维京的城镇中，最常见的骨制品就是滑冰鞋，它们往往取材自牛骨，特别是牛的距骨（脚骨）。尽管这些骨骼并未经过精雕细琢，但它们底部的磨损和划痕明确了它们作为滑冰鞋的用途。有些滑冰鞋上还穿有小孔，大概是为了与雪橇相连。

手捧角杯的女人

约公元 10 世纪
银·高：2.8 厘米
来自瑞典，厄兰岛（Öland），克林塔（Klinta）
瑞典历史博物馆，瑞典，斯德哥尔摩

  在这款银制吊坠中，一名女子款款伸出手臂，手
捧角杯。她的头发盘了起来或是包在帽子里，后脑勺
处有一个用来串连吊坠的挂环。该吊坠是在一个墓葬
中发现的，墓穴内有三件与之类似的物品，其中包括
一枚挂着一套微型武器的戒指。也许它们都是串在同
一条项链上的。哥得兰岛的画石上也曾描绘过类似的
图案，随后，这类图案便成了女武神的象征，她们举
着酒杯欢迎阵亡的英灵将士来到瓦尔哈拉殿堂。或许，
这类图案只是为了表达问候和好客之情。不论是哪种
情况，斟满美酒的角杯都象征着盛宴将近。

草绘肖像

公元 9—10 世纪
石头·石板长度: 11.5 厘米
来自英国，设得兰群岛，贾尔斯霍夫（Jarlshof）
苏格兰国家博物馆，英国，爱丁堡

设得兰群岛贾尔斯霍夫的史前遗址之所以引人注目有诸多原因，但其中最鲜为人知的一个原因是该地有很多人和动物的手绘图画。这块石板的两侧均刻有一个人头，而这里展示的肖像更是出神入化。头发的描绘风格似乎没什么新意，但胡须看起来倒是十分自然。肖像描绘的究竟是贾尔斯霍夫的斯堪的纳维亚定居者，还是设得兰群岛的土著居民——皮克特人？我们不得而知。

皮包

公元 10 世纪初
皮革·长: 68 厘米
来自爱尔兰, 都柏林
爱尔兰国家博物馆, 爱尔兰, 都柏林

　　都柏林考古发现中有数十个皮包、挎包和其他包具。其中, 这只皮包格外值得注意, 不只是因为包上饰有独特的十字架图案, 还在于包内装有鹰爪的残骸。尽管如此, 这只皮包可能是为了某种特定的基督教用途而设计的, 也许是为了携带圣物匣、经文或遗物。

龙头饰针

约公元 950—1000 年
铜合金·长：16.2 厘米
来自德国，海泽比
海泽比维京博物馆，德国

　　这枚设计精美的礼服饰针是在维京时期重要的贸易集散地海泽比发现的。海泽比坐落在如今的德国北部，到了公元 10 世纪，它已经成为维京世界最大的城镇。饰针顶端的龙头设计十分夺人眼球，同时极具标志性。但有趣的是，这种典型的"维京"设计可能并不是斯堪的纳维亚的首创。在苏格兰北部的皮克特族部落里也有类似的龙头设计，但这种图案到了挪威和丹麦似乎又被赋予了新的内涵。

船只图案

公元 9—10 世纪

石头·长：18 厘米

来自英国，设得兰群岛，贾尔斯霍夫

苏格兰国家博物馆，英国，爱丁堡

这块石板是在设得兰群岛贾尔斯霍夫的一座房屋的地板上发现的。石板的一边刻有一组由平行线构成的简单图案，另一边则刻有一幅简明扼要却代表性十足的船只图案。尽管该图颇具印象派风格，但图中的船舵、桅杆和索具清晰可见，而一条条短小垂直的线可能代表着船桨或划手。尽管这只是一张草图，但绘图之人一定对船只了如指掌。

近环形饰针尾饰

约公元 950 年
银，金，乌银·高: 5 厘米
具体出处不详
大都会艺术博物馆，美国，纽约

从这一饰针残饰我们可以推测: 完整的饰针必定是一枚大号银质饰针。这一残饰彰显出了非凡的细节装饰之美，它源于一枚近环形饰针 (一种长期盛行于不列颠和爱尔兰的首饰，后逐渐传入斯堪的纳维亚; 见第 132 页)。这一尾饰体积大、分量重，通身覆盖着金饰以及乌银装饰，可想而知完整的饰针必然更加惊艳，而且肯定是一件高级首饰。上面的装饰极具斯堪的纳维亚风格: 在公元 10 世纪中期，这些物件显然是公认的身份与声望的象征。后来它很可能被拆了下来，用于贸易流通 (见第 173 页)。

奥丁神座上的人像

约公元 900 年
银，乌银，镀金·高：2 厘米
来自丹麦，莱尔（Lejre）
罗斯基勒博物馆（Roskilde Museum），
丹麦

这一小巧玲珑的雕像是一位"寻宝者"利用金属探测器于 2009 年发现的，它的出土引发了学术界的热议。从雕像中我们可以看到装点着兽首（常认为是狼首）的宝座上坐有一个人，两侧各伴有一只鸟（据推测为乌鸦），种种迹象表明登上宝座的很可能就是阿萨神族（Aesir）的首领、著名的北欧之神——奥丁。然而，人物的着装却偏女性化：宝座上的人穿着及地长裙，围着披风，脖子上还挂着好几条串珠项链（见第 157 页）。

亨特斯顿饰针

公元 8 世纪初
银，镀金，琥珀·直径：12.2 厘米
来自英国，艾尔郡（Ayrshire），亨特斯顿（Hunterston）
苏格兰国家博物馆，英国，爱丁堡

这枚精美的饰针是由中世纪早期的近环形饰针演变而来的。19 世纪初，它出土于苏格兰艾尔郡的亨特斯顿区。这枚饰针制造于公元 8 世纪初的爱尔兰或苏格兰某地，它彰显了精良的金银丝工艺，表面镶嵌有多枚琥珀且遍布兽形和人形纹饰。另外，饰针的设计中还隐藏着一个基督教十字架的纹样，两侧分别饰有大口如盆的野兽。这枚饰针是为当地一位富甲一方、位高权重的首领打造的，甚至很可能是工匠受命于皇家工艺坊制造的。它们兴许也被首领视为外交之礼彼此赠予，以此来建立或巩固盟约或政治关系。

然而，这枚饰针并非仅因其尺寸和精湛的做工而引人注目。更重要的是，它在诞生了几个世纪后仍在使用中，尽管后来的时代背景已大相径庭，而我们之所以知晓这点是因为饰针的背面刻有公元 10 世纪的如尼铭文。铭文第二部分的文字难以理解（也许是有人刻意为之），但第一部分的文字可理解为"此饰针为梅尔布里格达（Melbrigda）所有"。由此可见，这枚饰针可能先是被某个斯堪的纳维亚人掠夺走，而后又赠予他来自爱尔兰或不列颠北部的妻子。

饰针的正面通身覆盖着繁复的、具有象征意义的各种装饰，而看似平淡的背面其实也有其神秘之处。四周刮刻着的字母是如尼文字，但其中一些字母并非真正的如尼文。它们到底仅是用来填补空白的装饰性字母，还是在某方面有着象征意义的文字呢？

雷神之锤

公元 10—11 世纪
银·长: 6.5 厘米
来自瑞典，厄德斯赫格（Ödeshög），埃里克斯托普（Erikstorp）
瑞典历史博物馆，瑞典，斯德哥尔摩

　　以"雷神之锤"为造型的吊坠在出土文物中并不稀有，然而像图中这么华丽的例子确实比较少见。锤子通身饰有各种以圆珠粒和金银细丝铸成的几何纹样，而吊坠的挂环则制成了鸟首的样式。类似的吊坠集中分布在瑞典南部和东部地区。这一吊坠出土于一个埋藏于 11 世纪的宝藏之中，不过此前就已经使用过一段时间。它极有可能是作为护身符佩戴在身上的，显然它也彰显着主人的身份和地位。

一对霍讷隆饰针

约公元 950—1000 年
金·直径: 8.5 厘米
来自丹麦, 霍讷隆 (Hornelund)
丹麦国家博物馆, 丹麦, 哥本哈根

　　霍讷隆饰针是一对公元 10 世纪末的精美黄金饰针, 出土于丹麦日德兰半岛西部地区。在制造过程中, 金匠事先会用模具在金箔纸上印出花纹图案, 然后再用珠粒 (小金珠) 和金丝将装饰细节堆砌成型。虽然受到了基督教艺术中藤蔓纹饰和叶形纹饰的影响, 但这两枚饰针所采用的装饰工艺以及左边这枚饰针上的兽首花纹都凸显了斯堪的纳维亚风格。饰针做工精湛, 选材黄金, 这两点都表明这些饰针极可能是由皇家工艺坊制造的, 而且必定是受一位富人的委托。

艺术动物扣针

公元 9 世纪末—10 世纪
铜合金·长：8 厘米
来自瑞典，比尔卡
瑞典历史博物馆，瑞典，斯德哥尔摩

  这是一枚别具一格的等臂饰针，它是一件合成首饰，由不同的部件铆接拼合而成。饰针两端的小型兽首清晰可见，往内是一对以高浮雕雕刻而成的动物，呈昂首挺胸的站姿，它们相向而立，中间隔着铁凸物。比尔卡的墓穴中有多枚类似的带有装饰的饰针，不过这种风格的饰针在瑞典以外的地区没有发现。饰针上的一对动物常被视为坦格里斯尼尔（Tanngrisnir，"磨齿者"）和坦格乔斯特（Tanngnjóstr，"咬齿者"），它们是雷神索尔用来拉动战车的两只山羊。

圆柱形盒子

公元 10 世纪末
鹿角·高：4.5 厘米
具体出处不详
圣伊西多罗大教堂（Basílica de San Isidoro），西班牙，莱昂（León）

　　这个小盒子是西班牙境内目前已知的唯一一件维京风格艺术品。它由鹿角制成，带有马门风格（Mammen style）纹饰，它要么原本就是基督教圣物匣，要么是后来改造成了圣物匣。这件文物现藏于莱昂圣伊西多罗大教堂的宝库中。这个盒子也许是一份外交礼物，它对我们了解斯堪的纳维亚以及南欧之间的政治联系有着重大意义。有文献资料记载，在公元 10 世纪末曾有海盗突袭伊比利亚半岛沿海地区，但通过这个盒子我们可以看出斯堪的纳维亚高层人物，甚至是皇室成员的触角早已深入西班牙内陆地区。

银质人头像

陪葬于公元 10 世纪
银·高：3.5 厘米
来自瑞典，东约特兰省（Östergötland）
瑞典历史博物馆，瑞典，斯德哥尔摩

　　这枚浇铸银质吊坠上印着一张立体的风格化人脸，脸上留有胡须，五官富有表现力。人物的头上戴着某种头罩，看似鸟的形状，这令人想起维京时代以前的中世纪早期头盔。这枚吊坠出土于一个维京时代的火葬墓，有可能它入土之时就已经是一个老物件了。兴许这枚吊坠起初是某种配饰或把手配件，而后才改造成吊坠的。这张人脸并非维京人，不过它仍有非凡的意义，难怪它的主人很长一段时间以来一直保存着它，最终才舍得将其埋入墓穴之中。

精美的扣状物

公元 10 世纪末
骨头·直径：6 厘米
来自英国，伦敦，泰晤士河（the River Thames）
大英博物馆，英国，伦敦

　　这个纽扣状的物件饰有常见的斯堪的纳维亚纹饰，即人体被相互交织的巨蛇（或植物卷须）缠绕着。而这个物件上的人体姿态十分扭曲，他的双腿呈现出僵硬地向上弯曲的状态。人物的头部已经散佚，但可以明显地看出他留有很长的胡须。这一扣状物十分精美，如果它是衣物上的装饰，那必定属于一件华丽的服装。又或者，它也可能是其他装饰性配件或套索扣。

串珠项链

陪葬于约公元 950 年
玻璃·最大串珠直径：3.3 厘米
来自英国，马恩岛（Isle of Man），皮尔城堡（Peel Castle）
马恩岛博物馆（Manx Museum），英国，马恩岛，道格拉斯
（Douglas）

　　这条项链由形态各异、来源不同的多种串珠串
联而成，其中多数串珠在进入墓穴时就已经有数百
年的历史了。这条项链出土于某基督教墓地中的一
个豪华女性墓穴。墓穴主人到底是如何寻获如此多
的奇异串珠我们无从知晓。而其他陪葬品中还包含
一套类似于研钵和研杵的物品以及一把魔杖。由此
可见，墓穴主人也许是一个萨满教巫师或是某种治
愈师。

希登塞岛宝藏

约公元 970 年
黄金·重: 约 600 克
德国, 希登塞岛 (Hiddensee)
文化史博物馆, 德国, 施特拉尔松德
(Stralsund)

这一精美绝伦的黄金宝藏 (图中展示了其中一部分藏品) 被发现于 19 世纪波罗的海上的一座小岛——希登塞岛。这座岛屿归属现代德国, 恰好坐落于瑞典大陆南端。宝藏中的各种金饰总重量约六百克, 其中包含十个吊坠、四颗间隔珠、一个编织项圈以及一枚较大的穹顶形吊坠。除了项圈以外, 所有金饰上都覆盖着精良的金丝装饰。虽然各吊坠设计相似, 但有三种不同的尺寸。吊坠上雕着千姿百态的鸟形纹样, 吊坠穿环设计成了扁平的锤子形鸟首形态——鸟喙尖小且身体呈带状相互交织。

维京头盔

约公元 950—975 年
铁·直径：约 17 厘米
来自挪威，耶尔芒德比（Gjermundbu）
文化历史博物馆，挪威，奥斯陆

　　维京研究中特别老生常谈的一个话题就是维京人其实从来不戴牛角头盔。那他们戴什么头盔呢？虽然存在着数顶前维京时代的斯堪的纳维亚铁质头盔（见第 46 页），但保存相对完整、所属时代明确的维京头盔只有一顶。这顶头盔由多片不同铁制部分复合组成，上面有刀刃以及投掷器损坏过的痕迹，这些痕迹可能形成于战斗中或某种葬礼仪式中。

　　这顶头盔出土于挪威灵厄里克地区（Ringerike）的耶尔芒德比农场。当时人们正在对一座大型陵墓进行考古挖掘，而这顶头盔是墓室中的一个摆件，其他摆件还包括兵器、锁子甲、马饰以及棋子。关于这批文物的埋藏故事十分有趣，而同样有趣的或许是它们出土的过程：20 世纪 40 年代，挪威正处于纳粹的占领之下。当时，这批文物的发现者瞒着政府将文物藏了起来。得益于此，这唯一一项目前为止较为完整的维京头盔才能够进入公众视野，并为学术研究做出贡献。

耶尔芒德比头盔出土于一座大型墓葬，除头盔外，该墓穴中还存放着一些陪葬品以及两具火化后的遗骸。土葬和火葬这两种方式在许多配置豪华的墓穴中都有发现，挪威科克斯塔德墓穴就是其中一例（见第 70 页）。

剑

公元 10 世纪
铁（钢），铜，银，乌银·长：96 厘米
具体出处不详
大都会艺术博物馆，美国，纽约

　　这是一把花纹刃剑，剑把和剑首装饰精美，由各种有色金属制造而成。在整个中世纪早期，剑都是一种身份的象征。铸剑需要耗费大量资源：高超的技艺，大量的人力以及必不可少的原料。因此，剑这类物品往往是上层阶级的专属。从金属的冶炼到最后的成品，一把剑的铸造可谓既耗时又耗材：制造锻铁和花纹钢的过程会流失掉很多原料。鉴于此，剑不仅应被视为作战武器，而且应被视作贵族身份和权力的象征。

剑镖

公元 10 世纪
铜合金·长: 8.6 厘米
来自英国，约克
约克郡博物馆，英国，约克

　　这一物件属于剑鞘或刀鞘尾部的装饰，做工华美，由铜合金铸造而成，称作"剑镖"。剑镖常饰有标志性的图样，很显然，它也是可公然炫耀的重要物件之一。这一与众不同的剑镖饰有斯堪的纳维亚艺术风格中的耶灵纹样（Jellinge），该样式包括细长的风格化动物图样。像这种装饰性的剑镖通常用于固定在鞘子上，这点毋庸置疑，而鞘子本身作为剑、西克斯刀（seax，见第 150 页）或刀上的视觉性配件想必也装饰得很华美。然而，在考古记录中，这些不同的组件却很少同时出现。

西克斯刀刀鞘

公元 10—11 世纪
皮革·长：33 厘米
来自英国，约克
约维克维京中心，英国，约克

图中展示的是两把做工优良的小牛皮刀鞘，它们曾用于携带一种名为西克斯刀的大型匕首。这种武器曾被盎格鲁－撒克逊人和斯堪的纳维亚人使用，而它们在中世纪早期的艺术作品中也有充分的展现。然而，在约克的考古挖掘工作中挖出的相关文物却寥寥无几。因此，这种刀鞘完美地证明了曾有武装人员驻足这个小镇。图中展示的刀鞘尤为精美，它们的针线细密，铆接精准，并饰有呈交织状的纹饰以及几何纹饰。主人常常将其佩戴于身上的显眼之处，这样不仅可以彰显地位，还能赢得一定程度的尊重。

纹饰矛头

约公元800—1050年
铁，镀银·长：35厘米
来自丹麦，齐斯湖
丹麦国家博物馆，丹麦，哥本哈根

在今天，武器成了维京时代的标志，而它们在中世纪早期的地位其实也同等重要。由于铸剑需要投入大量人力和原料（见第47页、53页和148页），因此剑对于大多数人来说遥不可及，相比之下，矛似乎就显得比较平民化了。矛的铁制矛头通常是单独存放的，它们在藏有陪葬品的墓穴中并不稀有。这一矛头的矛骹处镀有精美的银饰，它出土于齐斯湖的一处异教徒场所，在那里，许多武器在宗教仪式中存放了数个世纪。

银杯

约公元 950 年
银·高: 4.2 厘米
来自丹麦，耶灵
丹麦国家博物馆，丹麦，哥本哈根

这个蛋杯大小的银质容器发现于丹麦日德兰半岛耶灵皇家墓地的北丘之中。位于耶灵的两座巨型陵墓曾埋葬着戈姆国王（King Gorm）和提拉王后（Queen Thyre）。这个银质杯子可能属于戈姆国王，它十有八九是用来喝烈酒的。在哈拉尔"蓝牙王"皈依基督教后，他将父母的遗体重新葬于教堂之中。而这个杯子及其他物品则留在了陵墓中。这个容器上饰有两个带状兽纹，人称"耶灵纹样"，这种纹样在公元 10 世纪的斯堪的纳维亚风行一时。

狼首十字架护身符

公元 10 世纪
银·长: 5 厘米, 宽: 2.9 厘米
来自冰岛, 福斯 (Foss)
冰岛国家博物馆 (National Museum of Iceland), 冰岛, 雷克雅未克

这枚护身符吊坠对我们了解公元 10 世纪基督教给冰岛带来的早期影响具有启发意义。吊坠总体呈十字形, 中心处有一个十字穿孔。吊坠杆长于十字架其他三臂, 并饰有狼首, 狼首开口处形成了吊坠的挂环。虽然它呈十字形, 但狼首和其他三臂与雷神之锤护身符有着相似之处。或许, 这一护身符折射出的是前基督教时期冰岛传统信仰与基督教信仰的融合。1000 年, 基督教成为冰岛的正式宗教。

弗蕾娅小雕像

陪葬于公元 10 世纪中叶
银·高：5 厘米，宽 4 厘米
来自瑞典，东约特兰，阿斯卡（Aska）
瑞典历史博物馆，瑞典，斯德哥尔摩

　　这枚吊坠出土于一座公元 10 世纪中叶的墓葬，不过吊坠的制作年份必定远早于这一时间。吊坠上的人像很可能是北欧神话中的爱与美之神弗蕾娅（Freyja）。人像佩戴着一枚大号老式饰针，饰针上挂着一条项链环绕于身。人们认为它是弗蕾娅那条闻名遐迩的项链——布里希嘉曼项链（Brisingamen）。人像隆起的肚皮也进一步证明了她极有可能就是弗蕾娅，因为弗蕾娅是一个与女性生育紧密相连的神。人们常常会呼唤弗蕾娅之名以祈求产妇顺利生产，弗蕾娅同时掌管着人类的健康与安乐。这枚吊坠的主人想必在当地享有很高的声誉。

马门之斧

陪葬于公元 970—971 年冬季
铁，银质镶嵌物·长：17.5 厘米
来自丹麦，马门（Mammen），比耶灵霍伊（Bjerringhøj）
丹麦国家博物馆，丹麦，哥本哈根

　　这把斧头发现于 19 世纪中叶丹麦马门出土的一座墓室中。该墓室的历史可追溯至公元 970 至 971 年，墓室主人是一位有钱有势的权贵，他身着精良纺织服饰，身边陪葬着名贵器物和若干武器。这一小巧华丽的斧头极有可能是用于仪式典礼或展示用的武器，它符合装饰性武器的制作传统。马门艺术风格总体而言是公元 10 世纪的典型艺术，这把斧头运用的恰好是这一风格。斧头上相互交织的兽形纹饰与植物纹饰或许可以解读为基督教和异教的象征符号。

蜡烛

陪葬于公元 970—971 年冬季
蜂蜡·长: 56.5 厘米
来自丹麦, 马门, 比耶灵霍伊
丹麦国家博物馆, 丹麦, 哥本哈根

　　这一非比寻常的文物发现于丹麦北部马门地区的一座豪华贵族陵墓之中。该古墓以一把华丽的斧头而出名（见第 158 页），但实际上保留下来的文物中还包括若干纺织品、精致的提桶以及这根蜡烛。蜡烛似乎曾置放于棺盖之上，极有可能是基督教的象征物。有趣的是，这座陵墓的历史恰好可以追溯到丹麦国王哈拉尔"蓝牙王"（约公元 958—986 年在位，见第 104 页）皈依基督教不久之后。

弓形器

约公元 900—950 年
木头（橡木），铜合金，镀金·长：约 40 厘米
来自丹麦，马门，比耶灵霍伊
丹麦国家博物馆，丹麦，哥本哈根

　　在丹麦马门的一处王公贵族墓葬（见第 158 页）附近，一群工人在采石过程中发现了一座由某个金属工匠埋下的宝藏，而这把弓形器就是由该宝藏中的一系列配饰重新组装而成的。这把弓形器理应是套在马上用来役使马匹的挽具，但从其精美程度可以判断出它绝不是日常使用的农业用品。弓形器上饰有一系列写实与非写实的兽形纹饰，它们所描绘的很可能是对公元 10 世纪的丹麦民众来说耳熟能详的神话与传说。实际上，这把挽具大概是某种婚礼或葬礼上的游行仪式展示品，用来显示主人的阔绰。

　　这把弓形器是丹麦出土的一系列类似文物中的其中之一。考古专家发现的一对来源不明的龙头端饰也许就是类似弓形器上的残件（见第 164 页）。由王公贵族下令打造和使用的马术用具质量上乘，这表明马在维京时代的丹麦具有很高的地位。

在整个维京时代，马具一直都是装饰品和展示物，这体现了人们给予马的荣誉和特殊地位。出土于马门的弓形器是由普通牵马挽具演变而来的，它十有八九是做公共展示之用。

耶稣受难像章

公元 10 世纪
银·长：3.4 厘米
来自瑞典，比尔卡
瑞典历史博物馆，瑞典，斯德哥尔摩

这一做工优良、饰有精美金银丝的银质耶稣受难像是在 19 世纪的比尔卡墓地考古挖掘工作中发现的。出土该耶稣受难像章的坟墓中还葬有大量带有类似装饰的吊坠。有趣的是，墓中还发现了一把可能与异教徒法术密切相关的魔杖（见第 252 页）。耶稣受难像章的历史可追溯至公元 10 世纪，它是瑞典境内历史最悠久的基督教圣物，它所处的时代极有可能是一个不同宗教思想与信仰共存的动荡多变的时期。而此后在瑞典，不断有金属寻宝者找到类似的器物。

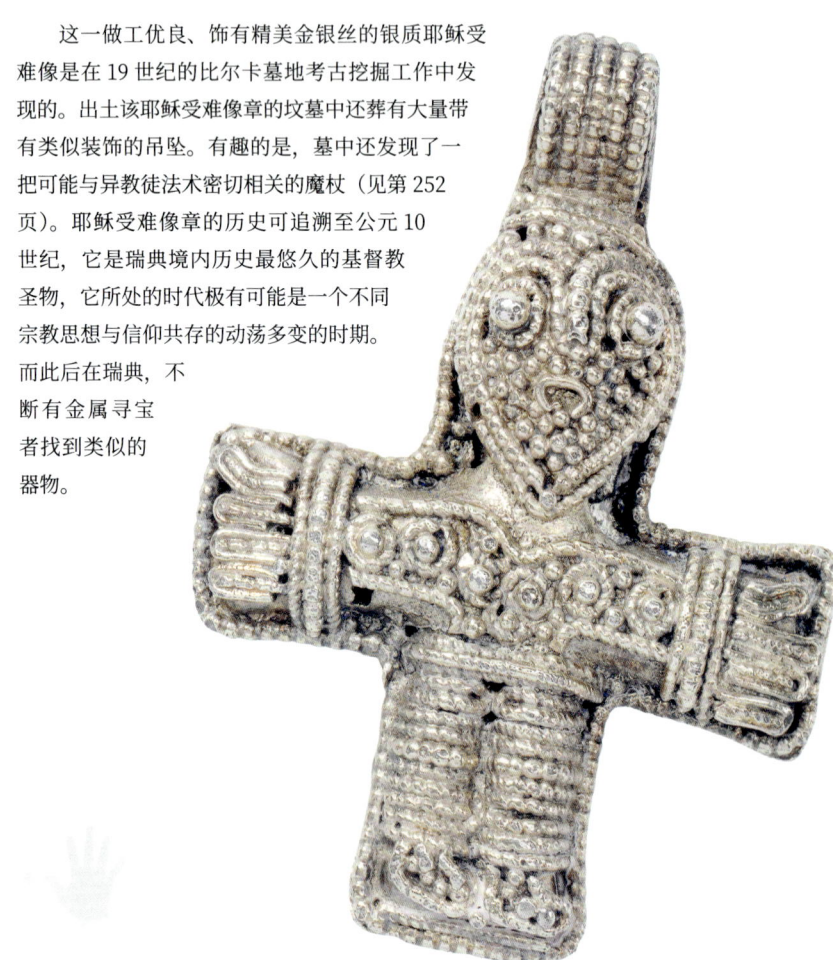

熊牙吊坠

公元 10—11 世纪
兽骨（熊牙）·长：7 厘米
来自英国，奥克尼（Orkney），伯赛布拉夫（Brough of Birsay）
苏格兰国家博物馆，英国，爱丁堡

　　这枚吊坠是在一个危险之地发现的。那是一座名为伯赛布拉夫的潮汐岛，它曾是奥克尼身世显赫者的定居地。奥克尼群岛位于苏格兰北部海岸的近海地区，在维京时代和中世纪，那里曾是生活富庶、历史悠久的北欧殖民地。有一段时间，人们误以为这个吊坠是由海豹牙制成的，但现在人们知道它其实是由一种更具异国情调的熊牙制成，在斯堪的纳维亚半岛也有相似的物品。吊坠上有穿孔，往脖子上一挂就是护身符。吊坠上还用如尼字母刻着："fuþark"（如尼字母表的前六个字母），但稍微拿远一些，这些字母便看不见了——该铭文的一大特点。这件非同寻常的牙雕物件似乎具有某种神秘的保护力量。

龙首

公元 10 世纪
铜合金·长: 9 厘米
具体出处不明
丹麦国家博物馆, 丹麦, 哥本哈根

　　这些令人叹为观止的物品刻画的似乎是某种
神秘动物: 大眼睛, 龇着牙, 角往后掠。或许它
们原本是弓形器 (现已散佚) 末梢的装饰物 (见
第 160 页), 而最有趣的地方则在于: 它们整体
一致, 但在细节上又有分别。它们极有可能出自
同一名工匠之手。巧妙地改变铸件的模具设计堪
称维京时代金属制品的一大特点。

吊坠与铸锭模具

公元 10 世纪
滑石（皂石）·长（模具）：10 厘米
来自丹麦，特伦哈登（Trendgaarden）
丹麦国家博物馆，丹麦，哥本哈根

这个公元 10 世纪的模具出土于丹麦，它是用挪威上等材质——滑石——雕刻而成的。显然，这个模具既可以制作铸锭，又可以制作吊坠；既可以制作十字架，又可以制作雷神之锤，难怪它成了维京时代各大宗教交汇融合与实用主义合二为一的最著名标志。在丹麦经历宗教改革的大变革时代，使用这一模具的工匠显然有一定的自由来决定卖什么以及卖给谁。

黑玉十字架

公元 10—11 世纪
黑玉·长：1 厘米，宽：1 厘米
来自爱尔兰，都柏林
爱尔兰国家博物馆，爱尔兰，都柏林

　　这枚黑玉十字架吊坠发现于都柏林。虽然维京时代的都柏林也有黑玉和琥珀制作工艺，但这枚吊坠很可能是原封不动地从约克郡北部运来的，因为维京时期所有黑玉都是从那儿进口的。在约克、惠特比（Whitby）、温彻斯特（Winchester）、格陵兰和挪威都发现了类似的带有圆环和圆点图案的黑玉十字架。黑玉是一种褐煤，是由木材加压制成的类矿物，在世界各地鲜少发现。约克郡北部的惠特比是整个不列颠群岛和爱尔兰唯一的正宗黑玉原产地，在惠特比盎格鲁－撒克逊修道院遗址中有用原黑玉制作珠宝的相关记载，即可证明这一点。

银项圈

公元 9 世纪末—10 世纪初
银·长: 26 厘米, 重量: 546 克
来自英国, 约克郡, 比代尔 (Bedale)
约克郡博物馆, 英国, 约克

　　这个与众不同的项圈出土于 2012 年由金属探测器发现的银宝藏, 距离以独特的维京时代雕塑著称的某遗址不远。宝藏中有大量的银锭和一把装饰华丽的剑柄, 还有维京世界的饰针、臂环和颈环, 而这一项圈显然是其中的佼佼者。项圈含银量大, 经常佩戴未免过于沉重, 所以这一定是用来炫耀财富和声望的, 而且很可能仅限于某些特定的时机和场合。在英格兰北部农村一带曾经相当活跃的维京人显然都是有些来头的。

加洛韦宝藏

约公元 900—920 年
铜合金，银，金·簪子长：约 7.6 厘米
来自英国，约克郡，邓弗里斯和加洛韦（Dumfires and Galloway）
苏格兰国家博物馆，英国，爱丁堡

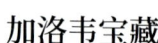

  这一极不寻常的宝藏（已精选部分内容作为插图）发现于苏格兰西南部：该地区素以维京人活跃频繁而著称，但历来就不是一个盛产考古证据的地区。不过，近来这一状况发生了变化。上述宝藏种类极为丰富，有来自欧洲大陆的精美的有盖容器、琳琅满目的饰针、串珠、铸锭、臂环、无色水晶小罐、十字吊坠，以及一支装饰着鸟儿的非同寻常的金簪和几个手稿阅读指针（见第 41 页）。宝藏来源甚广：盎格鲁－撒克逊英格兰、爱尔兰和加洛林王朝时期的法兰克王国，可谓应有尽有。

刻有如尼文的梳盒

公元 10 或 11 世纪
骨头（鹿角），铜合金·长：13 厘米
来自英国，林肯
大英博物馆，英国，伦敦

　　在维京时代城镇的文物发现中，梳子和梳盒是最具特色且最为常见的（见第 93 页）。虽然有关梳子制造地点及制造方式的信息唾手可得，但我们对制梳匠本身却知之甚少，因此这个梳盒为我们提供了一个特殊的视角。梳盒上刻有一句话："好梳出自索尔法斯特尔（þorfastr）之手！"对此，我们不禁浮想联翩。索尔法斯特尔究竟是何方神圣？这句话究竟是制梳匠的自夸之辞，还是满心欢喜的顾客对制梳匠的溢美之辞？无论如何，上面的题词都为我们展现了一个新的视角，有助于我们了解维京时代林肯城的语言文字和人们的读写程度。

碎银

公元 927—928 年
银·长: 2.8 厘米，重: 8.9 克
来自英国，北约克郡（North Yorkshire）
大英博物馆，英国，伦敦

　　碎银指的是维京人将硬币、首饰或装饰用具切成小块后用以经济交易的白银碎片。白银是维京时期的主要货币，通过掠夺获取更多白银是积累财富的有效途径。人们通过称重来进行碎银交易，或将碎银熔化后重新铸造成一种简单的标准单位货币来进行交易，银锭就是其中一个例子（见第 179 页）。

　　打结的带状物、错齿形的边饰以及残存的浮雕装饰都表明这块碎银曾属于一枚爱尔兰近环形浮雕饰针。这块碎银上的多个小缺口（用以检验白银纯度）表明它曾在贸易市场上几经转手，而后才被埋藏于北约克郡。

约克河谷宝藏

约公元 927—928 年
银，镀金，黄金·器皿直径：12 厘米
来自英国，约克郡，约克河谷（Vale of York）
大英博物馆，英国，伦敦；约克郡博物馆，英国，约克

　　2007 年，"寻宝者"凭借金属探测器发现了一个精美的法兰克器皿，其中装满了银制钱币、首饰、铸锭以及一个黄金臂环。该器皿极有可能是从欧洲大陆的某座教堂中掠夺而来的。这些硬币中有法兰克银币和中东银币，不过还是以盎格鲁－撒克逊人和维京人发行的银币为主。这些宝藏似乎埋藏于公元 10 世纪 20 年代末，当时正值盎格鲁－撒克逊国王埃塞尔斯坦（Aethelstan）执掌曾被维京人占领的北英格兰的时期。相比之下，宝藏中一小部分硬币的年代更为久远，可追溯至公元 9 世纪末至 10 世纪初。这批宝藏必定是一位维京酋长所积累的财富，里面包括用于不同交易用途的各式各样的货币。

东方长颈瓶

公元 9 世纪末—10 世纪初
铜·高：32 厘米
来自瑞典，东约特兰，阿斯卡
瑞典历史博物馆，瑞典，斯德哥尔摩

这个独特的长颈瓶十有八九产自遥远的东方，而后出土于一座瑞典坟墓中。类似的长颈瓶在伊拉克、伊朗和中亚地区数不胜数，但其实在斯堪的纳维亚东部地区的墓葬及宝藏中也有发现。这个长颈瓶上的库法体（Cufic）铭文难以辨识。显然，斯堪的纳维亚人认为这种瓶子具有异域风情，很合他们的心意。这类器物要么是他们从远洋探险带回的，要么就是他们从波罗的海客商手里买下的。

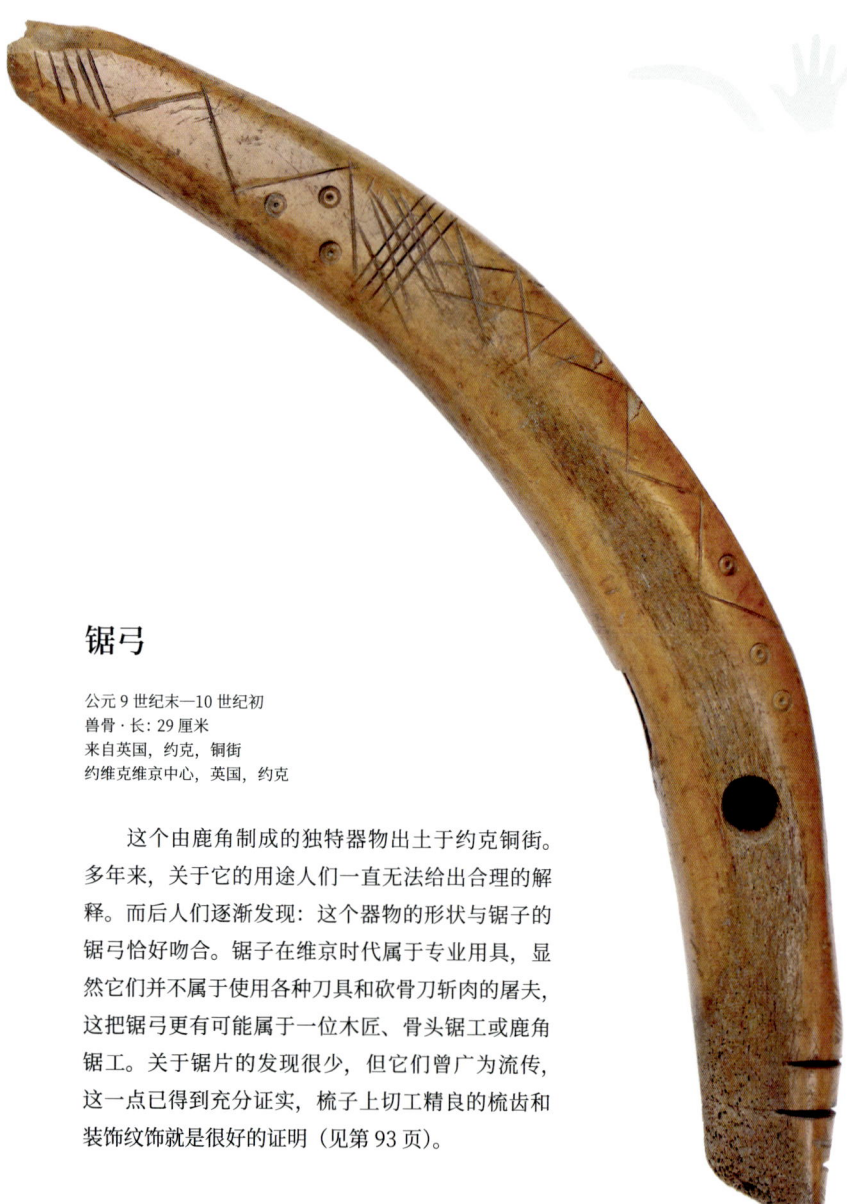

锯弓

公元 9 世纪末—10 世纪初
兽骨·长：29 厘米
来自英国，约克，铜街
约维克维京中心，英国，约克

　　这个由鹿角制成的独特器物出土于约克铜街。多年来，关于它的用途人们一直无法给出合理的解释。而后人们逐渐发现：这个器物的形状与锯子的锯弓恰好吻合。锯子在维京时代属于专业用具，显然它们并不属于使用各种刀具和砍骨刀斩肉的屠夫，这把锯弓更有可能属于一位木匠、骨头锯工或鹿角锯工。关于锯片的发现很少，但它们曾广为流传，这一点已得到充分证实，梳子上切工精良的梳齿和装饰纹饰就是很好的证明（见第 93 页）。

铸锭模具

公元 927—928 年
石头·长度：7.5 厘米
来自英国，约克
约克郡博物馆，英国，约克

在维京世界中，贵金属和卑金属物品常常在熔化后又重新铸造成便于携带且样式固定的铸锭。从大量囤积的银器中可以看出，铸锭的制作工艺不尽相同，有圆形的、模制的、捏制的或切割的，有些铸锭样式简单，还有些则装饰有冲孔设计。卑金属的铸锭并不常见，但对该铸模的科学分析表明，它被用于浇铸铜合金铸锭。因此，这个铸锭模具揭示了这种工艺所需的劳动力，这也是维京经济中极易被人忽视的重要组成部分。

造币模具

约公元 920 年
铁·直径: 2.8 厘米
来自英国，约克，铜街
约维克维京中心，英国，约克

　　这是一个用于铸造硬币的铁模。制作一枚硬币需要两个模具:
一个用于正面；另一个用于反面。其中一个模具会固定在工作
台或其他台面上，先在上面放置一枚银币毛坯，然后再用另
一个手持模具捶打这枚毛坯。这两个模具是在铜街发现的，
同时出土的还有一些印有该模具图案的铅片，看来铸币者
或工匠有可能正在试用该模具。

　　虽然目前尚不清楚该铸币厂是否真的位于铜街，但目前
已知，到公元 10 世纪，约克生产了大量银币。这些硬币记录着约
克的政治史，因为硬币上刻有该城市历代统治者的名字（包括斯堪的
纳维亚统治者和盎格鲁－撒克逊统治者），并用拉丁文或古斯堪的纳维亚
文书写着各个统治者的传奇故事。硬币上还刻有各种带有政治和宗教色彩
的符号。这个模具与公元 10 世纪 30 年代著名的圣彼得硬币有关，它既体
现了对基督圣徒的信奉，又将雷神之锤引入设计之中（见第 166 页）。

这枚来自约克的圣彼得便士可能是维京时代最著名的硬币。硬币的背面（左）只写着简短的"EBORACEI"（在拉丁文中代表着"约克"），而硬币的正面（右）则刻有"SCI PETRI MO"（圣彼得钱币）字样，硬币上还印有一个十字架、一柄剑和一把雷神之锤。这或许蕴含着宗教上的"骑墙态度"，将雷神和圣彼得放在一起或许是有意为之，以放缓宗教变革的步伐。

天平

公元 9—11 世纪
铜合金·秤盘直径：约 7 厘米
来自瑞典，比尔卡
瑞典历史博物馆，瑞典，斯德哥尔摩

　　这个天平是在比尔卡发现的。比尔卡是一个重要的贸易中心，来自斯堪的那维亚各地以及远东地区的商人和旅行者常常会光顾此地。对维京时代的经济而言，精确称重的能力是极其重要的。货物可以兑换成一定数量的银，而从银锭、臂环、首饰上切下的银（碎银）也都作数。因此，商人需要一套精准可靠的砝码和天平。客商则会着重考虑这些天平是否能够折叠和便于携带。

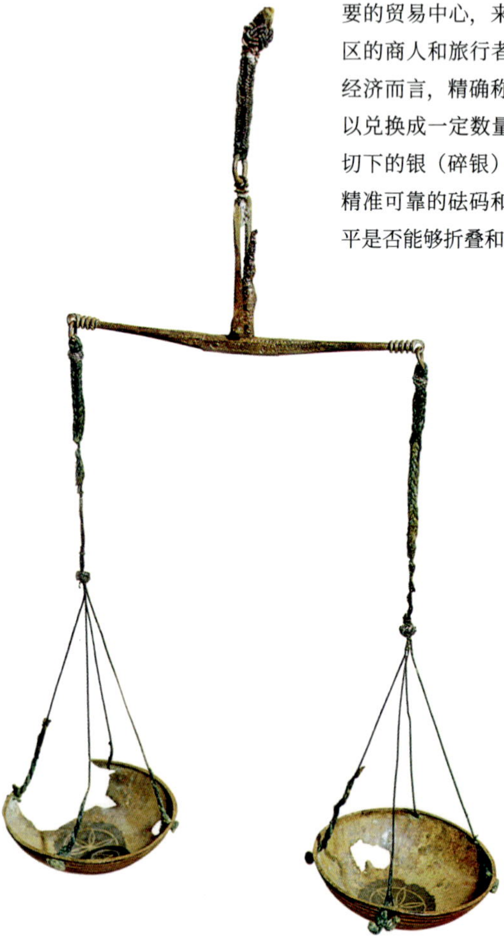

金属编织臂环

公元 10 世纪
银·直径：7.6 厘米，重量：85.2 克
来自英国，马恩岛，巴拉卡马什（Ballacamaish）
大英博物馆，英国，伦敦

　　这个制作精良的物品是维京"环钱"（ring money），是由细银棒编织而成，可以佩戴在手臂上。该臂环是在马恩岛巴拉卡马什的安德烈亚斯发现的。马恩岛位于爱尔兰海地区，处在爱尔兰和英格兰西北部之间，它曾是重要的维京定居地，大量白银宝藏以及其他零散的考古发现都证明了这一点。与墓葬以及雕刻品一样，白银经济所遗留的这些物品强有力地证明了该地区在维京时代所经历的社会变革。

吊坠模具

公元 9—11 世纪
铜合金·长：8.5 厘米
来自瑞典，比尔卡
瑞典历史博物馆，瑞典，斯德哥尔摩

　　维京时代的大多数珠宝都会采用独特的制作工序。首先，将目标物品的铅模压入黏土和沙子的混合物中，进而形成一道模印。接下来，重复同样的过程，这次则是将铅模的反面压入另一块黏土中。然后，将这两块黏土压在一起，并烧制成陶瓷模具。在陶瓷模具中倒入熔化的金属（通常是回收再利用的金属），待其冷却后便将该模具砸开，一件首饰便"破壳而出"。许多维京城镇的考古发现中都有在这一制作过程中遗留下来的碎片，这种工艺也由此为我们所知。但偶尔也会有半边模得以保存完好，如这个铜合金的模具，它曾用于生产带珠饰的圆形吊坠。

夹钳

公元 10—11 世纪
骨头（鲸骨）· 长：约 10 厘米
来自爱尔兰，都柏林
爱尔兰国家博物馆，爱尔兰，都柏林

　　手艺人会使用这种夹钳来制作小物件。它是由两块骨头（鹿角或鲸骨）组成，这两块骨头会以铁铆钉为轴旋转，从而将物体固定在"钳口"这一头，而另一头则需用手拿着，或者以某种方式固定在长凳上。可想而知，骨梳或饰针之类的物品在完工时便会用到这种夹钳。夹钳在维京世界的各个城镇（包括海泽比）随处可见，偶尔在农村地区也能看到，例如苏格兰奥克尼的伯赛布拉夫。今天，首饰的制造依然离不开此类工具。

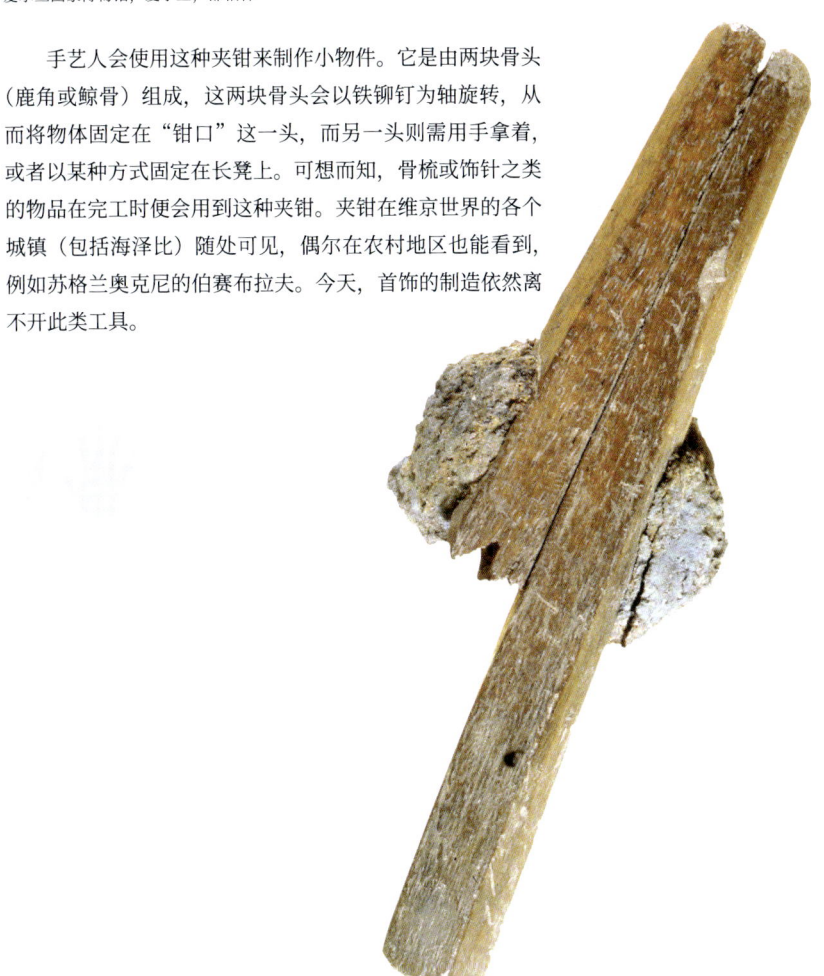

近环形臂环

公元 10 世纪
银·直径: 5.8 厘米
来自瑞典, 哥得兰
大英博物馆, 英国, 伦敦

　　这个臂环并不是一个完整的圆圈, 而是所谓的"近环形"。它有着与众不同且相对繁复的冲压装饰 (stamped decoration)。这类物品既是货币, 又是个人饰品。的确, 它们在炫富时肯定是个好帮手。这种样式的臂环在哥得兰岛很常见, 但相较位于东部的俄罗斯或位于西部的英格兰和爱尔兰的臂环, 它们的设计风格大相径庭。

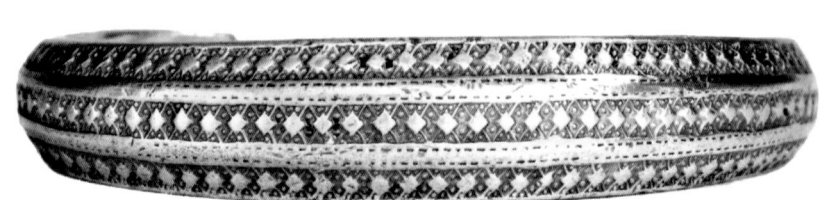

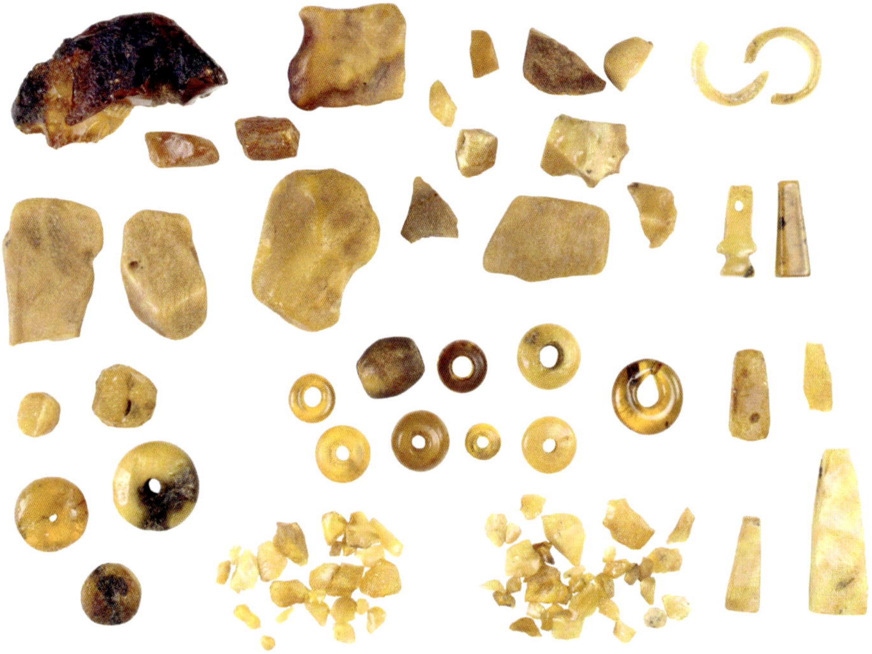

琥珀碎片

公元 10 世纪
琥珀·碎片平均尺寸：约 5 厘米
来自爱尔兰，都柏林，菲什安布尔
(Fishamble)
爱尔兰国家博物馆，爱尔兰，都柏林

在维京时代，琥珀在波罗的海沿岸颇为常见。因此，这种树脂化石被广泛用于斯堪的纳维亚、不列颠和爱尔兰的串珠、饰品和护身符的制作中。此外，我们甚至在都柏林和约克等城镇发现了未经雕琢的琥珀，这表明这些地方曾直接进口这种原材料并用于制造。这一系列琥珀碎片来自都柏林菲什安布尔街，它们很好地揭示了某些行业在维京时代的城镇蓬勃发展的原因，这是由于城镇为这些行业提供了进口原料和众多潜在买家的繁荣市场。

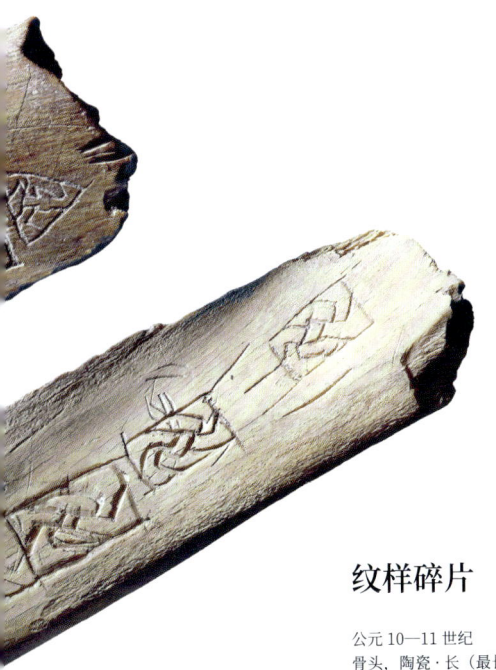

纹样碎片

公元 10—11 世纪
骨头，陶瓷·长（最长件）：18.5 厘米
来自英国，伦敦，伍尔诺斯圣玛丽教堂（St Mary Woolnoth）
伦敦博物馆，英国

纹样碎片有时也称为"试验件"，它们在都柏林、伦敦和约克等城镇很常见。纹样碎片往往是一些骨头、石板、陶瓷片或木片，上面的设计看起来像是习作或试验品，可能与金属制品的制作有关。有趣的是，它们采用的艺术元素往往源于斯堪的纳维亚、不列颠或爱尔兰的传统，这或许能揭示一些从事城市艺术和工业的人们的背景。

剪刀

公元 9—11 世纪
铁·长：约 15 厘米
来自英国，约克
约克郡博物馆，英国，约克

  大型剪刀可能是工业生产中的重要工具，而小型铁剪则是维京时代每家每户必备的居家用品。许多妇女在白天都会将自己的剪刀挂在腰带上，以便取用。在女性墓葬群以及对维京时代住宅的考古发掘中都发现了这种剪刀。铁剪可以在便携式的磨刀石上打磨锋利，而磨刀石有时也会悬挂于腰间。

皮革加工工具

公元 9—11 世纪
铁·宽：30 厘米
来自英国，约克
约克郡博物馆，英国，约克

　　这块形似新月的铁刀片人称"月牙刀"，其作用是刮擦兽皮表面，使其光滑。历史证据表明，此类工具还可以兼作裁纸刀。在修道院中，它们一般用于裁切牛皮纸手稿。但在约克和海德比这样的城镇中，它们更有可能与皮草的生产有关。

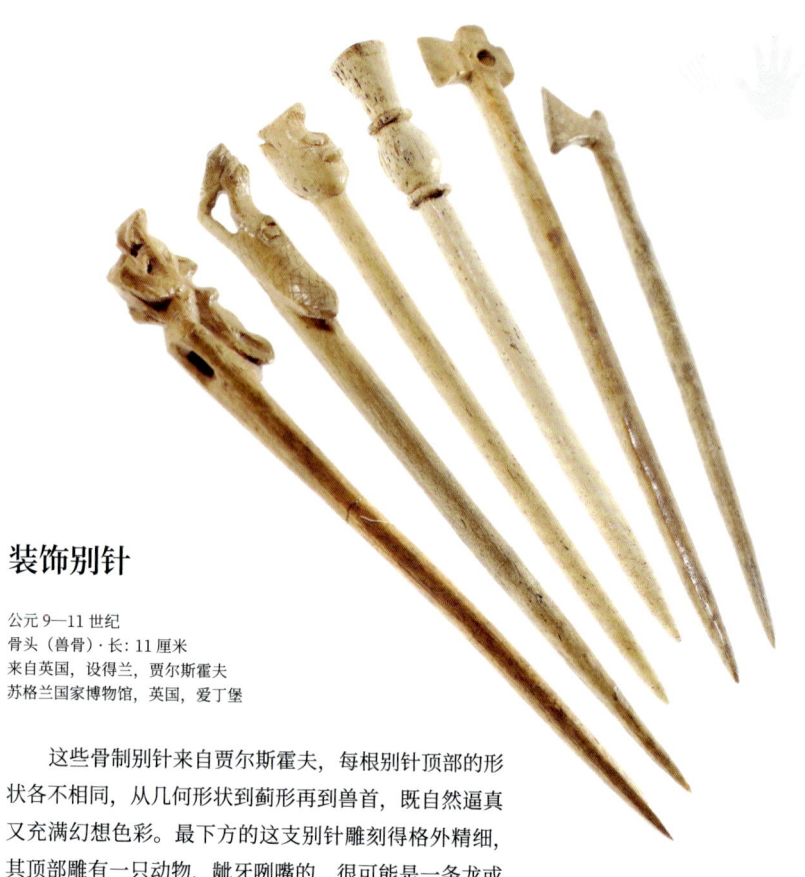

装饰别针

公元 9—11 世纪
骨头（兽骨）·长：11 厘米
来自英国，设得兰，贾尔斯霍夫
苏格兰国家博物馆，英国，爱丁堡

  这些骨制别针来自贾尔斯霍夫，每根别针顶部的形状各不相同，从几何形状到蓟形再到兽首，既自然逼真又充满幻想色彩。最下方的这支别针雕刻得格外精细，其顶部雕有一只动物，龇牙咧嘴的，很可能是一条龙或一匹狼。这类饰物其实并不罕见，因为在考古挖掘中出土的大多数衣物别针都是十分平常的物品。我们的确可以通过这些设计简单的装饰别针，轻而易举地了解到奥克尼和设得兰群岛的斯堪的纳维亚定居者的衣着打扮。个人衣着和随身饰品的华丽程度极有可能为我们提供关于身份和地位的信息，也可能成为弄清古斯堪的纳维亚定居者与皮克特土著人之间关系的关键。

木桶

公元 9—11 世纪
木头（云杉），铁·高：210 厘米
来自德国，海泽比
海泽比维京博物馆，德国

　　这只大木桶几经辗转才到达海泽比，也许里面曾装有美酒。最终，它在海泽比找到了新的"归宿"——水井内壁。因此，这只大桶揭示了维京时代长途贸易的规模，而这种相对罕见的发现也证明了文物的保存条件对考古记录的影响。考古学家不能单纯依靠诸如此类的偶然发现，而必须专注于研究最微小的手工制品碎片，从而搭建起联系和交流的网络。

维京时代晚期与后维京时代
约 1000—1500 年

征服与皈依

哈德克努特（Harthacnut）是克努特的儿子，他是最后一位统治英格兰的斯堪的纳维亚君主，在位时间为1040至1042年。这枚硬币遵循了经典的盎格鲁－撒克逊半身像／十字架铸币传统。在斯堪的纳维亚，哈德克努特还铸造了一种硬币：反面刻有十字架，正面则刻有神话世界中的巨蟒——耶梦加得（Jörmungandr）。

11 世纪以前一个世纪的诸多成就为基础拉开了序幕，这些成就包括经济的扩张、冰岛和格陵兰新殖民地的建立、城市中心的涌现以及斯堪的纳维亚中央集权的产生。然而，尽管维京时代的最后一个世纪是一个进一步巩固的时期，但这一时期并不稳定，因为它也见证了斯堪的纳维亚王国的崛起：一个个独立、皈依基督教的王国在中世纪欧洲舞台上大放异彩。这一时期不乏傲人的成就，但也充满变数和失败。

据冰岛传奇故事记载，在 1000 年前后，莱夫·埃里克松（Leif Erikson）及其兄弟姐妹的探险队成功横渡大西洋，驶抵"文兰"（Vinland）。无论我们是否接受兰塞奥兹牧草地就是当时的文兰这一说法，这个位于纽芬兰北端的遗址是目前唯一能够证实这些传奇故事的考古证据。这个新世界资源丰富，兰塞奥兹牧草地也为探索该地区提供了基础。但仅仅几年之后，该定居地便惨遭遗弃。北欧的探险家顺利抵达北美，这一探险经历无疑是成功的，但遗憾的是，他们没能在这片新大陆上永久地站稳脚跟。

维京时代晚期见证了"维京活动"的结束。然而，在 11 世纪初期，以八字胡斯韦恩为首的丹麦军队仍完全处于维京模式：他们烧杀掳掠，无所不用其极，并要求盎格鲁－撒克逊人进贡。公元 986 年，斯韦恩从其父哈拉尔"蓝牙王"手中篡夺了王位，成了丹麦的新任君主。

维京人在世纪之交惹下的是非促使英格兰国王埃塞尔雷德二世（Æthelred II，绰号"仓促王"）采取了极端手段。1002 年的一天——史称"圣布里斯节大屠杀"（Bric's Day massacre），他下令屠杀了英格兰境内所有丹麦人。然而，斯韦恩的罪行远不止这些。到 1013 年，他已夺取了英格兰王位，他的儿子克努特和孙子哈拉尔和哈德克努特后来也成了英格兰的国王。

克努特的上台标志着北海地区的中央集权达到了空前的规模。直至 1035 年他去世之时，克努特一直坐拥英格兰和丹麦的王位，甚至从 1028 年开始控制挪威和瑞典的部分地区。在 1066 年的诺曼征服之后，盎格鲁－撒克逊人才夺回英格兰的王位，征服者威廉（William the Conqueror）——维京人罗洛（Rollo）的玄孙、诺曼底公爵——登上了王位。英格兰考古发现（如饰针和马术装备）表明，在这一时期，该地的时尚深受斯堪的纳维亚风格的影响。

除此之外，由于国际上的互联互通，来自欧洲大陆的奥托尼亚风格以及其他风格也风靡了整个北海地区。然而，维京时代最后的主要贸易港口却日渐式微。这些转变某种程度上可以归为环境变化，但其主要的推动力是日益集中的中央权力和新兴的"城市"宗教——基督教。到1000 年，丹麦、瑞典和挪威的国王都宣称自己为基督教徒，基督教、城市化和中央集权在整个斯堪的纳维亚半岛齐头并进。到了 11 世纪中叶，比尔卡和海泽比的贸易点已被新的中心所取代：锡格蒂纳（Sigtuna）靠近比尔卡，它在 1060 年成了拥有主教教区的皇家中心；靠近海泽比的石勒苏益格（Schleswig）港口则成了日德兰半岛新的城市中心。在挪威，奥斯陆、特隆赫姆和卑尔根等城市的诞生总是随着基督教根基

这枚饰针的历史可追溯到公元 10 世纪末至 11 世纪初，过去人们一直认为它是从奥托尼亚（Ottonian）进口的。景泰蓝珐琅画中的圣人半身像被一圈表面呈颗粒状的金丝所环绕，金丝上还镶有四颗珍珠。现在，人们已公认其为受奥托尼亚风格启发的盎格鲁－撒克逊艺术品。

伯赛布拉夫是位于奥克尼大陆西北海岸的一个潮汐岛，它是维京移民心仪的定居地。这里曾是皮克特人的定居地，维京人占领此地后，在这里修建了长屋、谷仓，甚至是桑拿房。12世纪，维京人在岛上建立了教堂和修道院。

的日渐牢固。

自维京时代伊始，苏格兰的北部小岛就吸引了维京人的光临。到维京时代晚期，挪威奥克尼伯爵领地业已形成，包括奥克尼郡、设得兰群岛和凯瑟尼斯郡（Caithness）。挪威人的统治确保了这一领地上的斯堪的纳维亚遗产得以保存，实际上，直到1472年遭苏格兰吞并为止，奥克尼都是挪威的一部分。与此同时，格陵兰的定居者正在努力适应当地的恶劣环境。狩猎对他们的生存至关重要，在此过程中可能会结识来自加拿大北部的图勒族人（Thule peoples），那些从北极圈出土的北欧文物证实了这一点。格陵兰的定居生活困难重重，到14世纪，定居地逐渐萧条。格陵兰岛有关挪威人的最后记录是一场婚礼，这场婚礼举办于1408年。

贯穿于维京时代的劫掠活动和军事威胁在诺曼征服后不久便不再构成威胁。和大多数中世纪的欧洲国家一样，基督教和货币化经济成了斯堪的纳维亚国家的特点。然而，我们仍能从罗洛的诺曼后裔身上、从格陵兰和冰岛的定居地以及奥克尼伯爵领地领略到维京时代的遗产。

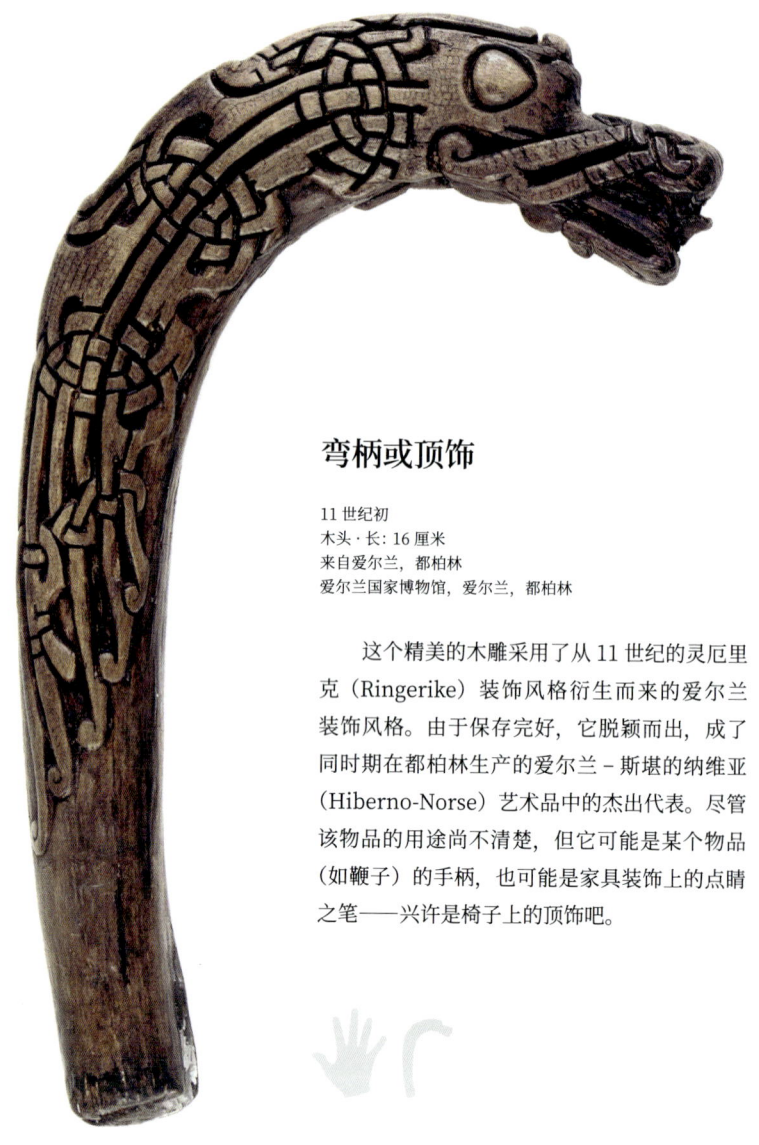

弯柄或顶饰

11 世纪初
木头 · 长: 16 厘米
来自爱尔兰，都柏林
爱尔兰国家博物馆，爱尔兰，都柏林

　　这个精美的木雕采用了从 11 世纪的灵厄里克（Ringerike）装饰风格衍生而来的爱尔兰装饰风格。由于保存完好，它脱颖而出，成了同时期在都柏林生产的爱尔兰 – 斯堪的纳维亚（Hiberno-Norse）艺术品中的杰出代表。尽管该物品的用途尚不清楚，但它可能是某个物品（如鞭子）的手柄，也可能是家具装饰上的点睛之笔——兴许是椅子上的顶饰吧。

个人匕首

公元 10—11 世纪
骨头，铁·长：约 15 厘米
来自英国，约克
约克郡博物馆，英国，约克

　　这是一把相当典型的多用途单刃匕首，刀身比更专业的西克斯刀要短得多（见第 242 页），但样式有几分相似。这类匕首经常出现在定居地的考古发掘和墓葬中，甚至在那些相对简陋的墓葬中也能看到它们的身影。有人认为，匕首在当时是一种稀松平常的个人装备，可能由铁匠和骨匠批量生产。

乳制品沥水器

公元 10 世纪末—12 世纪
木头（橡木）·长：49 厘米
来自瑞典，隆德
文化博物馆（Kulturen），瑞典，隆德

  这个橡木盘的边缘很高，还配有一个排水口。因此，有人认为这个盘子与食物制作有关。的确，在历史上，斯堪的纳维亚农村地区曾有一种极其相似的物品。由此推断，此物极有可能是奶酪制作过程中所需的"沥水器"，作用在于沥干乳清。在乳制品发酵的过程中，乳清会与凝乳分离，把乳清沥干后再将凝乳压实，待其熟化后便会形成奶酪。

琥珀"婴儿"小雕像

公元 9—11 世纪
琥珀·长: 2.4 厘米
来自德国，海泽比
海泽比维京博物馆，德国

　　这个由琥珀雕成的小雕像形似婴儿，婴儿的头上有一簇柔软的头发，身上还紧紧地裹着毯子。它描绘了婴儿挥舞着双臂的样子。雕像上没有穿孔的痕迹，说明该物并不是用于佩戴的吊坠，但也许是某种护身符。直到维京时代后期，海泽比一直都是繁荣的工艺品和贸易中心。当地的考古发掘表明该地拥有维京世界最大的琥珀作坊，第二大的琥珀作坊则位于都柏林（见第 187 页）。琥珀原石会从波罗的海出口至海泽比，并在海泽比加工成各色珠子、吊坠和小雕像。

排箫

公元 10 世纪
木头（黄杨木）·长: 9.7 厘米
来自英国，约克，铜街
约维克维京中心，英国，约克

  约克铜街的积水状况不仅意味着兽骨和皮革制品在那里得以完好保存，而且大量的木制品也保存得很好。其中最不同寻常的物品可能是这个潘神箫，或称之为排箫，它出土于铜街的一个深坑之中。这个排箫由一整块黄杨木制成，其间钻有长短不一的管子，还配有一个悬挂孔，也许可以挂在脖子上或皮带上。我们无法得知音乐在排箫主人的生活中扮演着什么样的角色，但这类物品在寻常百姓家并不常见。

环头饰针

约 1000 年
铜合金·长：10 厘米
来自加拿大，兰塞奥兹牧草地
兰塞奥兹牧草地国家历史遗址（L' Anse aux Meadows），加拿大，
纽芬兰，加拿大公园管理局（Parks Canada）

环头饰针（ringed pins）是典型的爱尔兰维京
帝国（Hiberno-Norse）服饰配件，可用于固定斗篷，
男女通用。该饰针出土于加拿大纽芬兰北端的兰塞奥
兹牧草地。它是北欧人占领这处 11 世纪的遗址最有
力的证据之一。该饰针很可能产自爱尔兰或不列颠
西部。

目前，兰塞奥兹牧草地是已知的唯一一处被北欧
人占领过的北美洲遗址。该定居地惨遭遗弃后，探险
队几乎没有留下任何东西。考古学家只发现了极少数
意外丢失的私人物品。例如，这枚饰针就是在一个锻
造坑中发现的，可能是铁匠工作时遗失于此。

纺轮

约 1000 年
滑石（皂石）·直径: 3.3 厘米，重量: 16.9 克
来自加拿大，兰塞奥兹牧草地
兰塞奥兹牧草地国家历史遗址，加拿大，纽芬兰，加拿大公园管理局

　　兰塞奥兹牧草地遗址曾被北欧探险者占领的另一个线索就是这个纺轮，它与 11 世纪初期格陵兰使用的扁平球形纺轮非常相似。在维京时代，小型手持纺锤用于缠绕纱线，而纺轮则用于调速。这件手工制品是一个临时的纺轮，原为一口老旧的滑石（皂石）烹饪锅，底部变黑的煤灰可能是密封油的残渣。人们还在该地发现了一根骨针。这个纺轮经常被视为妇女随同探险队前往北美的证据。

白桦树皮容器

约 1000 年
白桦，云杉·高：约 8.5 厘米，直径：5 厘米
来自加拿大，兰塞奥兹牧草地
兰塞奥兹牧草地国家历史遗址，加拿大，纽芬兰，
加拿大公园管理局

这个保存完好的杯子是用白桦树皮制成的，并用结实的云杉树根缝制成了圆柱形。与出自兰塞奥兹牧草地的木工作坊的其他废弃物一样，它也是在泥炭沼泽中发现的。桦树皮制成的防水船在北欧的其他地区广为人知，但由于桦树在纽芬兰遍地都是，这个杯子很可能是就地取材制作而成的。然而，沼泽中还有欧洲赤松制成的物品，它们肯定是欧洲探险家带来的。这个杯子少了个底座，也许这就是它惨遭丢弃的缘故吧。

磨刀石

约 1000 年
石英岩·长：约 7 厘米，宽：约 1 厘米
来自加拿大，兰塞奥兹牧草地
兰塞奥兹牧草地国家历史遗址，加拿大，纽芬兰，加拿大公园管理局

这种磨刀石的尺寸很小，说明它是用来磨针或袖珍剪刀之类的物品。它是在兰塞奥兹牧草地南侧房子（"F 房"）的地面沉积物中发现的，在屋外还发现了纺轮（见第 205 页）。磨刀石、纺轮和骨针的存在说明了该遗址曾有女性居住。这个磨刀石很小，而且又没有悬挂孔，一不小心就会遗失在昏暗的房间里。

骰子

11 世纪
兽骨（鲸鱼骨）·最大骰子宽度：3 厘米
来自英国，约克
约维克维京中心，英国，约克

尽管棋子（见第 19 页）甚至是棋盘（见第 110 页和
第 214 页）在整个维京时代都很常见，但其实在公元 10
世纪末之前，骰子是很稀有的。毫无疑问，这是因为诸
如板棋（hnefatafl，战略棋盘游戏）之类的游戏并不需
要骰子，而来自地中海及其他地区的新型棋盘游戏则改
变了这一切。图中所示的骰子由兽骨（较小的骰子）和
海象牙（较大的、烧焦的骰子）制成。当时，这类略呈
矩形的骰子十分典型，而四四方方的罗马骰子直到中世
纪后期才重新出现。

勺子

公元 10—11 世纪
木头·（下方的勺子）长：18.6 厘米
挪威，特隆赫姆
挪威科技大学博物馆，挪威，特隆赫姆

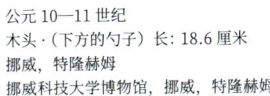

　　这些木勺是在挪威的特隆赫姆市发现的。在整个维京时代，角勺或木勺都是常见的用具，既可以用来舀食物，也可以用来进食。维京时代的勺柄通常饰有某种花纹，而这些勺柄上的装饰让人回味无穷。勺子中部所示的几何交错装饰让人联想到公元9 至 10 世纪梳子上的设计（见第 93 页），并且在后来的萨米（Saami）勺中也有所体现，这也许是斯堪的纳维亚人和萨米族之间交往和思想碰撞的见证。图中所示的其他勺子上的装饰线条更为蜿蜒曲折，其历史也许能追溯到维京时代结束之际。最下方的这把勺子显然可以追溯到 11 世纪中叶。

碗

公元 9—11 世纪
滑石（皂石），铁·直径: 26 厘米
来自挪威，耶尔默兰（Hjelmeland），许克胡斯（Kyrkhus）
考古博物馆（Museum of Archaeology），挪威，斯塔万格（Stavanger）

如今，陶瓷制品是备菜和上菜过程中的重要一环。然而，维京时代的挪威并没有陶器业。因此，容器和炊具是用富含滑石粉的软岩石雕刻而成的，这类岩石称为滑石（也称为皂石）。滑石远非劣质的替代品，它具有一些非常重要的特性，如高导热性。滑石似乎已经成了北大西洋新殖民地物质文化的重要组成部分，甚至在陶瓷业发达的地区也是家喻户晓（但数量较少），例如英格兰北部的定居地。

玩具船

12 世纪
木头·长: 37 厘米
来自爱尔兰, 都柏林
爱尔兰国家博物馆, 爱尔兰, 都柏林

　　小型木船与木剑和动物木雕一样, 并非罕见的考古发现, 但前提是要有适宜的保存环境。它们通常是在定居地发现的, 有时甚至遗失在坑中或井中, 所以没有理由将其视为仪式用品或护身符, 更有可能是玩具。因此, 这些小玩具可以让我们深入了解维京世界和中世纪孩子的童年。我们一般认为中世纪孩子的童年期很短, 他们很快就步入成年, 并前往田间地头、车间作坊甚至是维京长船上工作。不过, 这个小玩具说明他们在工作之余依然有玩耍的时间。

棋盘

公元 10—11 世纪
木头·长: 45 厘米, 宽: 21.2 厘米,
深: 1.8 厘米
来自爱尔兰, 都柏林
爱尔兰国家博物馆, 爱尔兰, 都柏林

在维京时代的城镇中, 下棋一定是很普遍的现象。不过由于保存问题, 与棋子相比, 棋盘被发现的可能性较低。尽管如此, 人们在都柏林依然发现了若干个棋盘。或许, 它们就是在都柏林制造的, 或许巴林德里岛的那个棋盘(见第 110 页)也产自都柏林。但是, 棋盘不一定就是精益求精的艺术品, 这个棋盘就是临时制作的, 只是粗略地在船板上划了几道而已。

家庭用品

11—14 世纪
木头，牛角，铁·勺盒长：31 厘米
来自格陵兰西部定居地各遗址
丹麦国家博物馆，丹麦，哥本哈根

在格陵兰西部定居地有不少北欧农庄，这些文物就是从这些农庄出土的，它们让我们得以一窥北大西洋殖民地的日常生活。无疑，桶、碗和勺子在维京时代和中世纪十分普遍，但它们往往是由木头、兽骨和兽角之类的有机材料制成的，所以较难保存。我们对格陵兰岛北欧定居地的手工制品、食物残渣和自然环境进行了广泛的研究，研究结果为我们描绘了一个复杂的社会在荆棘丛生的新世界中艰难求生的图景。

到 15 世纪中叶，该定居地已然荒废，但它的消失绝非必然。其中包含了多重因素：气候变化、农业实践的不可持续性和难以为继的新世界生活。显然，不断变化的社会、政治、经济和环境因素对于这个相对较小且孤立的殖民地来说是难以承受的。

饶有趣味的是这个精美的角勺和配套的木制勺盒（右中）。显然，这不是农民的日常用品，它诉说着这样一个事实：在中世纪的格陵兰岛，彰显社会地位的炫耀性行为已然出现。

如尼石刻

约 1000 年
石头（花岗岩）· 高: 160 厘米
来自丹麦, 奥胡斯
莫斯格历史博物馆, 丹麦, 奥胡斯

　　这是在丹麦奥胡斯周围发现的众多如尼石刻（runestones）之一。石刻上的精美面具说不上独一无二, 但足以使它从一众较为简陋的石刻中脱颖而出。如尼石刻上的墓志铭通常是为了纪念好友、家庭成员或生意伙伴（如本例）而作:"古诺夫（Gunnulfr）、奥古特尔（Auðgautr）、阿斯拉克（Áslakr）和罗尔夫（Hrólf）立此石碑, 谨以纪念死于国王战争的伙伴——富勒（Fúl）。"这些文字显然与特定的战役有关, 也许当时的情况已是众所周知, 因而并无赘述。

项链

11 世纪
银，无色水晶·水晶珠平均直径：3 厘米
来自瑞典，哥得兰，小鲁讷（Lilla Rone）
瑞典历史博物馆，瑞典，斯德哥尔摩

瑞典哥得兰岛的利拉罗恩宝藏令人叹为观止。考古学家在其中发现了一条斯拉夫风格（Slavic-style）的项链，该项链由白银包边的水晶和银珠制成。圆形水晶珠的正面有颗粒状的点缀，而银质悬挂环上有冲压装饰。这种设计组合反映了斯拉夫（俄罗斯西部）的影响，以及哥得兰冲压装饰的应用。因此，我们很难确定水晶珠是在俄罗斯生产并出口到哥得兰岛的，还是受到了斯拉夫风格影响的本土产品。但银珠很显然是在俄罗斯西部或波兰生产的，这使得该宝藏成了文化交流的象征。

雷神小雕像

约 1000 年
铜合金·高: 7 厘米
来自冰岛, 埃拉兰 (Eyrarland)
冰岛国家博物馆, 冰岛, 雷克雅未克

　　这座雕像由铜合金铸成, 雕像所刻画的人物笔直地坐于椅上, 他戴着独特的尖顶帽子或头盔, 还留有精致的胡须。尖尖的胡须在他手中变成了一个三叶形的物体, 人们通常认为这是个锤子, 而手持锤子的人物便是雷神: 掌管风暴的北欧之神以其法力无边的雷神之锤 (Mjölnir) (见第 73 和第 134 页) 闻名于世。但它所刻画的也可能是手持十字架的耶稣端坐在宝座上的样子, 其风格暗示了宗教信仰转变后的情形。这个小雕像的用途尚未明确: 它究竟是一个宗教人物还是一枚棋子? 基于上述种种原因, 这个小雕像很好地说明了北欧艺术品的蕴意大多模棱两可。

饰板

11 世纪
铜合金·长：10.6 厘米
来自英国，伦敦，哈默史密斯（Hammersmith）
大英博物馆，英国，伦敦

　　这块铜合金饰板是在伦敦泰晤士河发现的。尽管饰板的装饰带有明显的 11 世纪斯堪的纳维亚风格，但它的用途尚不明确。饰板的形状和风格让人不禁联想到皮带尾饰，但它上面没有任何附着物的痕迹。有人认为这块饰板曾是用于压制其他物品的模具。饰板的一大亮点是采用了叶状浮雕动物纹饰，这是两种维京晚期艺术风格的结合：灵厄里克风格和乌尔内斯风格（Urnes Style）。饰板的背面并无任何装饰。

镂空饰针

11—12 世纪
银·高: 4 厘米
来自冰岛, 特勒德拉克于尔 (Tröllaskógur)
冰岛国家博物馆, 冰岛, 雷克雅未克

这个小型的银制镂空斗篷饰针是在一个废弃的冰岛农场里发现的。它展现的是经典的野兽形象: 身体盘曲着, 嘴巴朝下咧着。两条蛇缠绕在这头野兽周围, 不过和其他乌尔内斯风格的作品一样, 它们并没有相互撕咬。主要的那条蛇仅用冲孔标记加以装饰。尽管该饰针背面用于固定的别针现已遗失, 但上面的印记和悬挂环依然清晰可见。直到 12 世纪, 瑞典隆德仍在生产类似的饰针。

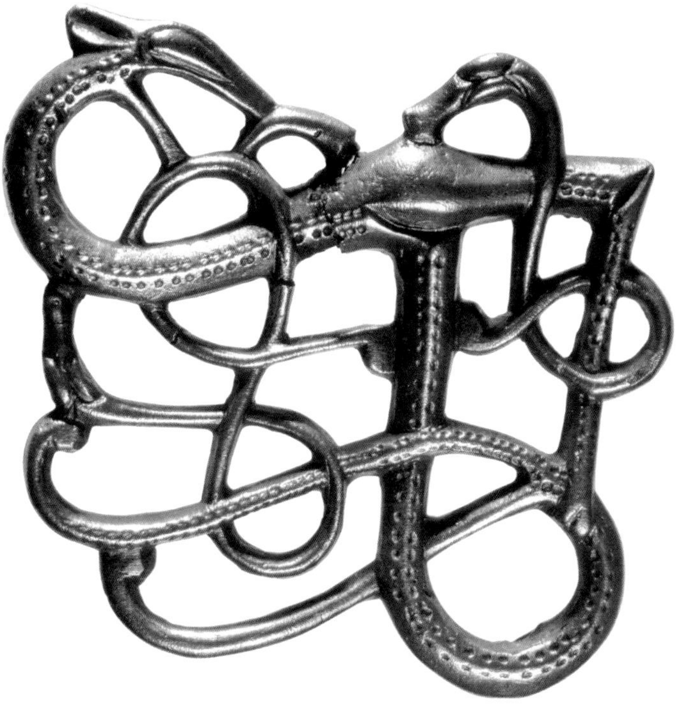

卡明圣髑盒

约 1000 年
木头，骨头（麋鹿角），铜合金·长：63 厘米，
宽：33 厘米，高：26 厘米
来自波兰，卡明（Cammin）
丹麦国家博物馆复制品，丹麦，哥本哈根

卡明圣髑盒（the Cammin Casket）产自斯堪的纳维亚南部，是一个精美的遗物盒，里面装有圣人科杜拉（St Cordula）的遗骸。圣髑盒由木头制成，上面覆盖着用麋鹿角制成的面板和镀金的青铜装饰。圣髑盒的面板上饰有复杂的马门风格纹样：纹样中的动物纠缠着自己藤蔓般的尾巴和头发，而镀金的青铜扣环和配件上则装点着兽首。整个圣髑盒看起来像是维京长屋建筑，也许象征着为神圣的遗骸提供"安息之所"。这件来自丹麦的精美物品可能是一份礼物，它在"二战"期间原本藏于卡明的圣约翰大教堂中，却在一场大火中不慎遗失，所幸仍有许多足以乱真的复制品完美再现了其中的细节。

灵厄里克骨饰针

11 世纪
骨头（兽骨）·长：16.9 厘米
来自英国，伦敦，泰晤士河
大英博物馆，英国，伦敦

　　这枚饰针是 1837 年在伦敦泰晤士河发现的。骨头一直以来都是制作衣物饰针的原材料，但我们无法从这枚饰针的出土地推测出它来自哪个年代。这些饰针是用来固定衣物的，细线可以穿过中心的孔，然后缠绕在饰针较细的另一端，这样一来就可以起到固定的作用。不过，这枚饰针与其他标准的衣物饰针相比更精致。由于它采用了灵厄里克的装饰风格，所以它肯定是出自维京时代的手工制品。

风向标

11 世纪
铜 / 铜合金，镀金·长：38 厘米
来自瑞典，索德拉拉教堂（Söderala Church）
瑞典历史博物馆，瑞典，斯德哥尔摩

　　如今，我们所见的风向标多为教堂尖顶上的装饰物，但维京时代的风向标可能固定于维京船的船首。尽管装饰得十分精美，但它们的作用是检测风的强度和方向，这在海上航行中有着极强的实用性。索德拉拉风向标由镀金铜或青铜制成，其镂空区域有着复杂交错的动物图案，顶端还立着一只品种不明的四脚兽。挪威的海根（Heggen）也出土过一个类似的风向标，但年代更为久远。这个风向标是少数美观且实用的物品之一。

耳环

12 世纪
银·长：9 厘米
来自瑞典，厄兰岛，伦斯贝加（Runsberga）
瑞典历史博物馆，瑞典，斯德哥尔摩

耳环似乎并不是维京服饰的重要组成部分，至少从斯堪的纳维亚半岛上的随葬品和定居地的出土文物可以做此推断。然而，在旅行途中，斯堪的纳维亚人肯定会接触到佩戴这类首饰的人，因为这类首饰在南欧和俄罗斯颇为知名。这对耳环是在一批带有硬币的白银宝藏中发现的，硬币的历史可追溯到维京时代终结后不久，这表明耳环是由斯堪的纳维亚人购得的。但斯堪的纳维亚女性是为了佩戴才买的耳环，还是另有他用，我们就不得而知了。

兽首饰针

11 世纪
铜合金·长: 5.7 厘米
来自瑞典, 哥得兰岛
大都会艺术博物馆, 美国, 纽约

　　这枚饰针是在风格更为写实的早期哥得兰兽形饰针的基础上发展而来的（见第 32 页）。几十年来，艺术发展在表面纹饰方面表现得更趋于繁复。这枚饰针以简单的交叉影线纹饰为主，它的纹样可能是自公元 9 世纪末以来十分盛行的"攫取兽"纹样的降级版（见第 43 页）。

"马与骑手" 护身符

10—11 世纪
银·长: 3.1 厘米（上），3.3 厘米（下）
来自瑞典，比尔卡
瑞典历史博物馆，瑞典，斯德哥尔摩

　　这两个外形几乎无异的银制护身符都刻画了人骑在马上的样子。有人认为，这种样式让人联想到北欧光明与喜悦之神——巴德尔（Baldur）。有关巴德尔的悲剧故事一直是北欧人最喜爱的神话故事：巴德尔死于中了洛基（Loki）诡计的弟弟之手。在葬礼上，巴德尔的坐骑也被投入熊熊柴火之中，给主人陪葬。无论这对护身符代表的是不是巴德尔，它们所刻画的马术用具都颇具考古价值，从中我们可以清楚地看见上面的挽具和马鞍带。马总会让人联想到骁勇的战士，战士在奔赴战场之前会给自己以及自己的坐骑配足装备，而这些装备通常价值不菲且不乏艺术性。

马镫带配饰

11 世纪
铜合金 · 长：5.2 厘米
来自英国，彼得伯勒（Peterborough）
大英博物馆，英国，伦敦

以铜合金铸成的马镫带配饰在 11 世纪的英格兰地区（斯堪的纳维亚占领时期）随处可见。这种配饰既实用又美观，可用于加固、保护以及装饰悬挂马镫的皮带。该配饰上有三个小孔：上方一个，下方两个，起到固定作用。这一马镫带配饰的纹饰凸显了乌尔内斯风格——起源于斯堪的纳维亚，后以改良版的"盎格鲁－斯堪的纳维亚"风格兴起，盛行于英格兰并广为采用。透过此类配饰，我们仿佛看见了一个骑着高头大马、散发着斯堪的纳维亚气息的贵族。

维京贵族雕像

10 世纪末—11 世纪初
骨头（麋鹿角）· 长：22 厘米，头部高度：4 厘米
来自瑞典，锡格蒂纳
锡格蒂纳博物馆（Sigtuna Museum），瑞典

这个细长的麋鹿角雕刻物具体做何用途我们无从知晓，既可能是某件家具的一部分，也可能是建筑物的边饰。此物雕工精良，但还称不上惊艳，因为在 11 世纪的锡格蒂纳地区，已经有人在批量生产精美的麋鹿角梳。这一雕刻物也许出自上述同一家梳子工坊。雕刻物的顶部是一个立体的人头像，他头戴头盔，颇具特色，闻名遐迩，也算是名副其实。人头像的胡须和头发都经过精心雕琢，或许反映的正是当时流行的真正式样。因此，这个人头像有助于我们了解维京时代末期男性贵族的容貌，至少是他们所希望呈现出的容貌。

银碗

1050 年
银·高: 6.1 厘米, 直径: 16.5 厘米
来自瑞典, 哥得兰岛, 小瓦拉 (Lilla Valla)
瑞典历史博物馆, 瑞典, 斯德哥尔摩

　　这个做工精良、锤击成型的银碗出土于哥得兰岛小瓦拉地区的一处宝藏中, 碗身装饰有早期斯堪的纳维亚乌尔内斯风格的图案。该设计介于当时即将消逝的灵厄里克风格和新兴的乌尔内斯风格之间, 后者直至 11 世纪都十分流行。八只野兽, 环环相扣, 在镀金的银碗上缘形成了一道精美的链环。碗身共计有三十二道整齐划一的凹槽, 它们是金属匠人用小巧的锤子精心击打而成, 这种锤子在斯堪的纳维亚地区已有发现。

彼尔姆皮带配饰

11—12 世纪
铜合金·长：4 厘米
来自挪威，奥普兰（Oppland），肖克（Skjåk）
大英博物馆，英国，伦敦

　　这个复合式挂饰的历史可追溯至维京时代即将终结的几年，它是挂在皮带上用的装饰品。从配饰带有两个兽首（可能是马首）的设计便能看出它出自彼尔姆人（Permian）之手。彼尔姆人居住在斯堪的纳维亚东端，最远处与今俄罗斯西部接壤。这个配饰是在挪威发现的，由此说明挪威和俄罗斯之间的旅行网络和贸易网络贯穿于整个维京时代，并延续至中世纪。

面具装饰

约 1000 年
银·较长吊坠长度：4.5 厘米
来自瑞典，比约克，福哈格恩（Folhagen）
瑞典历史博物馆，瑞典，斯德哥尔摩

　　瑞典哥得兰岛有一处特别的宝藏，里面藏有十二枚袖珍面具银吊坠，还有一枚较大的吊坠，但形状和装饰略有不同。在制作面具五官时，工匠会先剪下一小片银片，将其锻造成弯曲的轮廓，然后再利用多种装饰手法来完成五官的打造，其中包括凸纹工艺、金属珠粒工艺和珠子点缀工艺。除了这种吊坠，宝藏中还出土了大量的银珠和其他样式的吊坠，其中包括两枚椅子形吊坠。宝藏中大部分的物件都有来自东方的迹象，这证明了哥得兰岛在影响深远的贸易网络中所处的重要地位。

皇家之船："罗斯基勒 6 号"

1025 年后
橡木·长：36 米
来自丹麦，罗斯基勒（Roskilde）
维京海盗船博物馆，丹麦，罗斯基勒

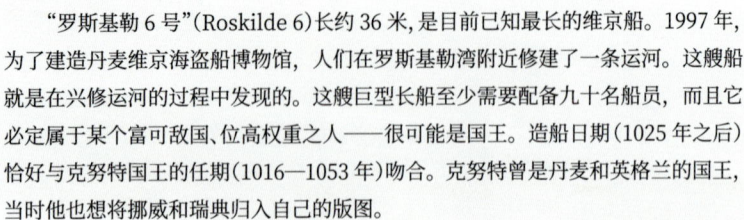

"罗斯基勒 6 号"（Roskilde 6）长约 36 米，是目前已知最长的维京船。1997 年，为了建造丹麦维京海盗船博物馆，人们在罗斯基勒附近修建了一条运河。这艘船就是在兴修运河的过程中发现的。这艘巨型长船至少需要配备九十名船员，而且它必定属于某个富可敌国、位高权重之人——很可能是国王。造船日期（1025 年之后）恰好与克努特国王的任期（1016—1053 年）吻合。克努特曾是丹麦和英格兰的国王，当时他也想将挪威和瑞典归入自己的版图。

由于其长度异于其他船只，船匠在打造"罗斯基勒 6 号"时所使用的制船方法与普通的也稍有不同。船的龙骨分三段打造，却作为单一的船板使用，重叠板结构的船身取材于长达八米的橡木板。据估计，打造这艘船共耗时三万小时。

这艘长船很可能是在损毁之后被拖进罗斯基勒湾的浅水区并弃置于此的。20 世纪 90 年代，在附近兴修运河时，人们还发现了另外八艘船。这些船和 20 世纪 50 年代发现于大罗斯基勒湾的斯库勒莱乌船（Skuldelcv ships，见第 245 页和第 264 页）一同构成了当地维京海盗船博物馆的雏形。

尽管这艘战船长得出奇，但凭借着上乘的选材和一流的造船技术，它同样可以在浅水区和沿海水域穿梭自如。船只残骸表明，这艘船曾征讨四方，至少曾抵达波罗的海沿岸。11 世纪 20 年代，斯堪的纳维亚争端白热化之际，这艘船很可能曾作为战船参与战争。

乌尔夫号角

约 1010 年
象牙·长: 74 厘米, 直径: 12 厘米
来自英国, 约克
约克大教堂宝库 (York Minster Treasury), 英国, 约克

  这把令人惊叹的号角由象牙制成, 雕刻地为
意大利的萨勒诺 (Salerno)。专家认为制作这把
号角的工匠可能是专攻象牙雕刻的伊斯兰雕刻师。
这把号角是由维京时期的精英人物乌尔夫 (Ulf,
又称 Ulphus) 带入约克城的。此号角价值连城,
乌尔夫将它作为地契授予了约克分教会。因此,
约克大教堂同时获得了乌尔夫的土地以及这把精
美的号角。号角上原有的黄金镶嵌物于 16 世纪
失窃, 后来又装上了银质镶嵌物。这根象牙是约
克大教堂宝库中不可或缺的一员, 它以特殊的方
式勾起了人们对 11 世纪维京约克城的回忆。

西克斯刀

公元 10 世纪初期
铁，银，铜，铜伯金，乌银·长: 32 厘米
来自英国，锡廷伯恩（Sittingbourne）
大英博物馆，英国，伦敦

　　这把刀起初是用于战斗的，在西克斯刀（一种单刃长刀）中算是尤为精美的一款，其设计反映出了维京时代中期的典型风格。这种形制的刀称作"锡廷伯恩刀"，刀身上有一系列由银、乌银以及铜合金制成的饰片，同时上面饰有动物和植物纹饰，展现了法兰克艺术和盎格鲁－撒克逊艺术的融合。刀上刻有两句话：**比奥特尔所制；西格贝雷特所有**。显然，这把刀的主人和制作者都曾引以为豪。

奴隶项圈

公元 10—12 世纪
铁·宽：15 厘米
来自爱尔兰，都柏林
爱尔兰国家博物馆，爱尔兰，都柏林

在维京时代，奴隶极大地推动了经济的发展，但要从考古学的角度去鉴定当时的奴隶制却是难如登天。这个奴隶项圈发掘于都柏林的圣约翰巷（St John's Lane），它是少有的能与维京市场的黑暗面联系在一起的文物。在当时，包括都柏林在内的所有繁忙的贸易港口都存在着买卖奴隶的现象。奴役的对象往往是女性，然而维京人也会俘虏当地的富人并向他们的家人索要赎金或直接让他们沦为奴隶。这个沉重的铁项圈能紧紧地扼住人的脖子。只要穿过项圈铁环就能将绳子或链子牢牢绑住。

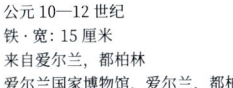

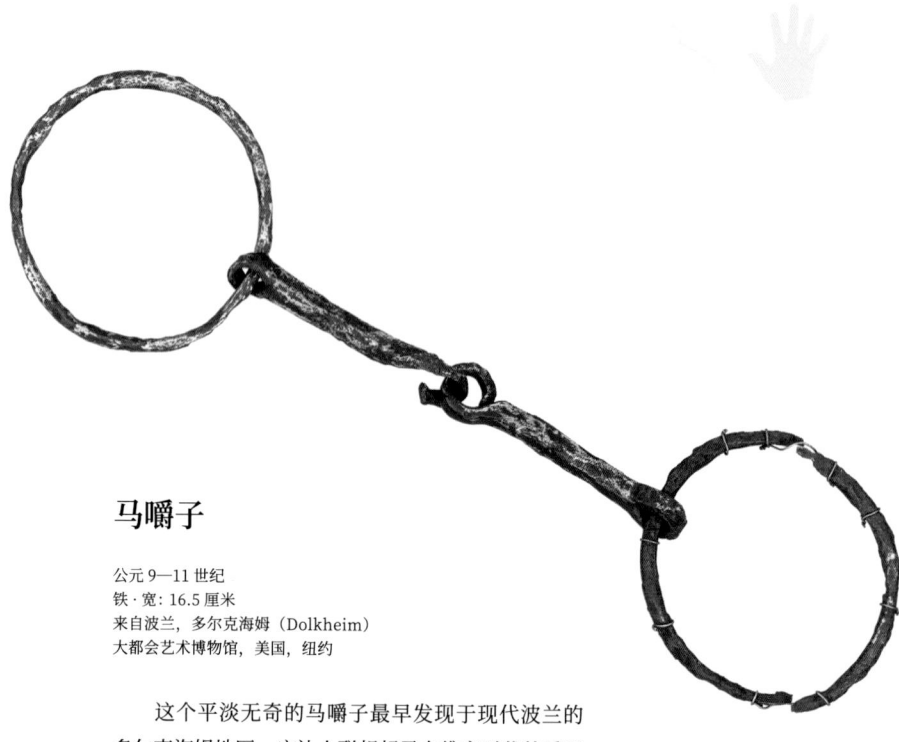

马嚼子

公元 9—11 世纪
铁·宽：16.5 厘米
来自波兰，多尔克海姆（Dolkheim）
大都会艺术博物馆，美国，纽约

这个平淡无奇的马嚼子最早发现于现代波兰的多尔克海姆地区，它让人联想起马在维京时代的重要性。马是战士的标志，军队的行进、突袭队的行动都少不了它。《盎格鲁－撒克逊编年史》中的许多条目都提到维京人向当地人索要马匹。有些马"穿铜戴金"，可谓精心打扮，但其实在大多数场合，简单的铁制配件就已足够。这个马嚼子是用来套住马嘴的，而两边的穿环则用来连接马具和缰绳。

战船："斯库勒莱乌 2 号"

约 1042 年
橡木·长：30 米
来自丹麦，罗斯基勒
维京海盗船博物馆，丹麦，罗斯基勒

这艘战船名为"斯库勒莱乌 2 号"（Skuldelev 2）。20 世纪 50 年代人们在罗斯基勒湾发现了这艘船，同时还发现了另外四艘船。为了构筑一道跨越罗斯基勒湾的防线，这五艘破烂不堪的船在 1060 至 1080 年被人们故意沉入海中。这道防线是由包含"斯库勒莱乌 2 号"在内的两艘货船、一艘渔船以及两艘战船组成的，作用在于保护皇室和教会所在的港口城市罗斯基勒免遭海上突袭的侵扰。"斯库勒莱乌 2 号"配有六十根船桨，可容纳六十五至七十名船员。这艘战船于 1042 年前后在都柏林建造而成，设计它的初衷是迅速将战士运往海外。

饰有十字架的斧头

公元 10 世纪末—11 世纪
铁·长：17.5 厘米
来自瑞典，内尔彻（Närke）
瑞典历史博物馆，瑞典，斯德哥尔摩

  镂空且中央带有十字架的斧头是维京时代末期所特有的。此时，基督教的影响真正开始在整个斯堪的纳维亚地区显露出来。要说这种武器是信仰基督教的战士所使用的也并非不可能。它们可能曾用于战争中，并且轻便的结构设计兴许还有助于作战。但我们也不能排除一种可能性：这种斧头更可能是作为一种象征符号或仪式用具存在的。这种将基督教和军事结合在一起的图腾看起来可能有些古怪，但值得铭记的是，信仰的转变并不总是通过和平手段实现的，而且斧子和十字架究其根本是作为权力与势力之源存在的。

武器藏品

公元 10 世纪末—11 世纪初
铁·大小：不等
来自英国，伦敦桥（London Bridge）
伦敦博物馆，英国

　　20 世纪 20 年代，人们在伦敦桥附近的泰晤士河中发现了一批武器，其中包括矛和斧头。独特的斯堪的纳维亚战斧表明这批武器可能与海盗活动有关：公元 994 至 1016 年间，伦敦曾多次遭袭，这批武器可能是当时留下的。我们无法确定这批武器到底是如何进到水里的，很有可能就是故意被藏入水中的，因为武器献祭在斯堪的纳维亚广为人知，而若干批藏品均位于桥边或岸边的水域似乎证实了这一点。

马镫

约 1009 年
铁，黄铜·高：23.8 厘米，19.4 厘米
来自英国，牛津
阿什莫尔博物馆，英国，牛津

　　像这样保存得如此完好、装饰得如此精美的马镫实属罕见。虽然这两只马镫并不配对，但它们是同时在牛津摩德林桥（Magdalen Bridge）附近发现的。显然，这两只马镫是斯堪的纳维亚式的，并饰有精美的黄铜丝镶嵌花纹。这对马镫可能与某座墓葬有关，也可能是在某次劫掠活动中遗失在河边的（据说在 1009 年，一群丹麦入侵者曾毁了牛津城的一部分）。马镫深刻地提醒着人们马在斯堪的纳维亚战事中的重要地位，维京大军时代如此，直至克努特大帝（1016—1035 年在位）发动系列战争的时代也是如此。

耶稣复活蛋

公元 10 世纪末—11 世纪
陶瓷·高：4.4 厘米
来自瑞典，锡格蒂纳
瑞典历史博物馆，瑞典，斯德哥尔摩

这个陶瓷蛋并非斯堪的纳维亚的本土产物，类似物品在东方最为出名，尤其是在基辅罗斯国地区（the Kievan Rus'）。复活蛋源于东正教，象征着耶稣的复活。虽然耶稣复活蛋在斯堪的纳维亚仅集中分布于东部地区（包括哥得兰岛），但它们在欧洲大陆分布得却似乎十分广泛。复活蛋在瑞典锡格蒂纳的存在同时诉说了该地区与东方的往来史以及新城的宗教功能。

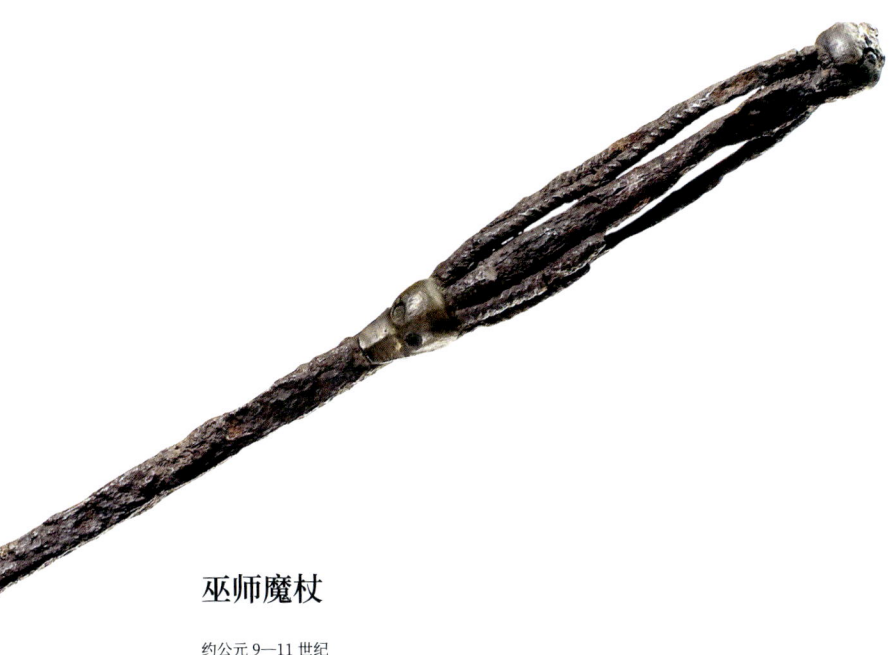

巫师魔杖

约公元 9—11 世纪
铁·长：44 厘米
来自瑞典，耶夫勒（Gävle）
丹麦国家博物馆，丹麦，哥本哈根

　　这个带有神秘色彩的文物发现于一座男性墓室中，一并出土的还有一系列武器。这把权杖顶端为独特的篮状造型，权杖上还饰有若干铸铁制的兽首纹饰。至于类似的铁棒（当然并不总是像图中这把装饰得如此精美）有何用途，众说纷纭，莫衷一是：有人认为是仪杖，有人认为是魔杖，也有人认为是烤肉叉或纺纱杆。在高规格的墓葬中总有这类文物的身影，而且它们与护身符和其他可能存在的"魔法"道具有关。在瑞典比尔卡和丹麦法尔凯特（Fyrkat）等地的墓穴中都有它们的踪迹。这种魔杖可能曾在赛德法术（seiðr）中出现过，而赛德法术是一种似乎曾在远古北欧世界使用过的萨满教魔法。

刻有铭文的十字架

13—14世纪
木头·高：约18厘米
来自格陵兰岛，东部定居地（Eastern Settlement），
赫约尔夫斯尼斯（Herjolfsnes）
丹麦国家博物馆，丹麦，哥本哈根

于坟前竖立十字架在格陵兰岛赫约尔夫斯尼斯定居地是很常见的做法。此类十字架有可能是生者用来祈祷的信物。图中这个十字架是出土的众多十字架中保存最完好的，而且它和其他十字架一样，也刻有细小的如尼文字。不过，这个十字架上的如尼文是由不同的人在不同时期刻成的。后来的文字有可能是在13世纪末刻上的，因为这段铭文记录着复杂的拉丁公式，而人们认为这个公式充满着魔力，很有可能出自一个神父之手。先前的铭文内容则简单很多，意为"玛利亚：米卡埃尔（Mikael）拥有我布里吉特（Brigit）。"

教会权杖头

约 1075 年
铜合金，木头·高：5.5 厘米
来自冰岛，辛格韦德利（Thingvellir）
冰岛国家博物馆，雷克雅未克

这个权杖头是于 1957 年在冰岛辛格韦德利的一座农场附近发现的，插管中还保留着旧权杖上的一截木头。青铜制的权杖头形如希腊字母 "tau"，即一个 T 形十字架，而权杖头这个 "T" 的横杠则呈对称的弯钩状，钩尾均为乌尔内斯风格的兽首造型：动物张着大嘴，眼睛很大，呈杏仁形。这件文物没有镀金的痕迹。有专家认为这是一个教会权杖头，很可能属于某位主教。而冰岛的第一任主教封立于1056 年。

生育之神像

公元 10 世纪末—11 世纪
铜合金·高: 7 厘米
来自瑞典, 南曼兰 (Södermanland), 赖灵厄 (Rällinge)
瑞典历史博物馆, 瑞典, 斯德哥尔摩

  这个人物雕像呈坐姿, 一只手捋着胡子, 身着男性服饰。雕像的胡须、臂环、尖头盔均栩栩如生, 不过最引人注目之处在于他的阴茎。人们认为此类雕像代表的是司掌繁殖与和平的古老北欧之神弗雷 (Frey), 因此配戴它意在保佑繁衍生息。

  类似的母题在中世纪早期广为流行, 这种护身符不仅有铁制的, 还有用有机材料制成的, 不过后者早已失传, 所以我们很难判断它们在当时的普及程度。丹内维尔克 (Danevirke, 现属德国, 最初是丹麦的一处要塞) 的巨型木制阴茎很可能就是从一个巨型的生育之神衍生而来的。

香炉

约公元 975—1025 年
银·高: 9.7 厘米
来自英国, 玻肖尔（Pershore）
大英博物馆, 英国, 伦敦

　　这个香炉是维京鼎盛时期英格兰盎格鲁 - 撒克逊教会艺术的一个体现。这套香炉和香炉盖是教会用来焚香的, 18 世纪, 人们在挖掘地窖时从一堆碎石里发现了它。和其他三个同时代的文物一样, 这个香炉看起来也像一座小小的建筑: 它形如教堂塔, 三角墙屋顶又高又斜, 中间是一个中空的拱廊, 屋顶和三角墙的每个犄角都饰有一枚形似滴水兽的兽首, 其中一个三角墙连接梁上刻着一句古英语: GODRIC ME WVORHT, 意为"戈德里克造"。

迈斯特米尔工具箱

公元 10 世纪末—11 世纪
木头，铁·箱长：90 厘米
来自瑞典，哥得兰岛，迈斯特米尔（Mästermyr）
瑞典历史博物馆，瑞典，斯德哥尔摩

1936 年，人们在田野中发现了这个精巧的橡木箱，其中的工具之多堪称维京世界之最。因此，它提供了一个独特视角，让我们得以一探工具主人的制造工艺与工作方法。箱子里有木匠和金属工匠常用的工具，如锤子、钳子、斧子和扁斧等。此外，工具箱里还放有锁和钥匙、铁制的容器和铃铛（也许是已制好的工艺品）以及一些更通用的、与经济活动有关的物件，比如铸锭和杠秤（天平）。

关于这个箱子，存在这样一种可能性：它其实是某农场或庄园的通用工具箱，里面包括应付各种各样必不可少的杂活儿所需的全部工具。然而，这些工具的款式比较保守，这对考古学家来说并不是什么好事，因为款式保守意味着这批工具无法让专家借此来精准判断它们所属的年代。

这些工具是农民耕田时在一个大橡木箱中发现的。虽然箱子旁放着三口大锅、三个铃铛和一个平底吊锅，但储藏在箱子里的物品基本完好无损。箱子原本是用锁和铁链锁住的。

克努特硬币印模

1029—1035 年
铜合金·长: 6.3 厘米, 宽: 2.6 厘米,
重: 425.42 克
来自英国, 诺里奇 (Norwich)
大英博物馆, 英国, 伦敦

　　这枚印模是诺里奇铸币者托鲁尔夫 (Thorulf) 以英格兰国王克努特的名义铸造硬币时使用的。印模上刻着一个双线条短十字架, 周围反刻着铸币者的姓名及铸造地点。这个模具与硬币的背面相匹配, 而克努特"短十字架"硬币的正面刻着的是国王手拿权杖的半身侧面像。类似的硬币在英格兰境内都有生产, 包括伦敦、斯坦福德 (Stamford) 和林肯地区。印模的底部呈喇叭状, 这是因为铸币者在制造克努特最新发行的硬币时用印模对着硬币锤击了千百次。

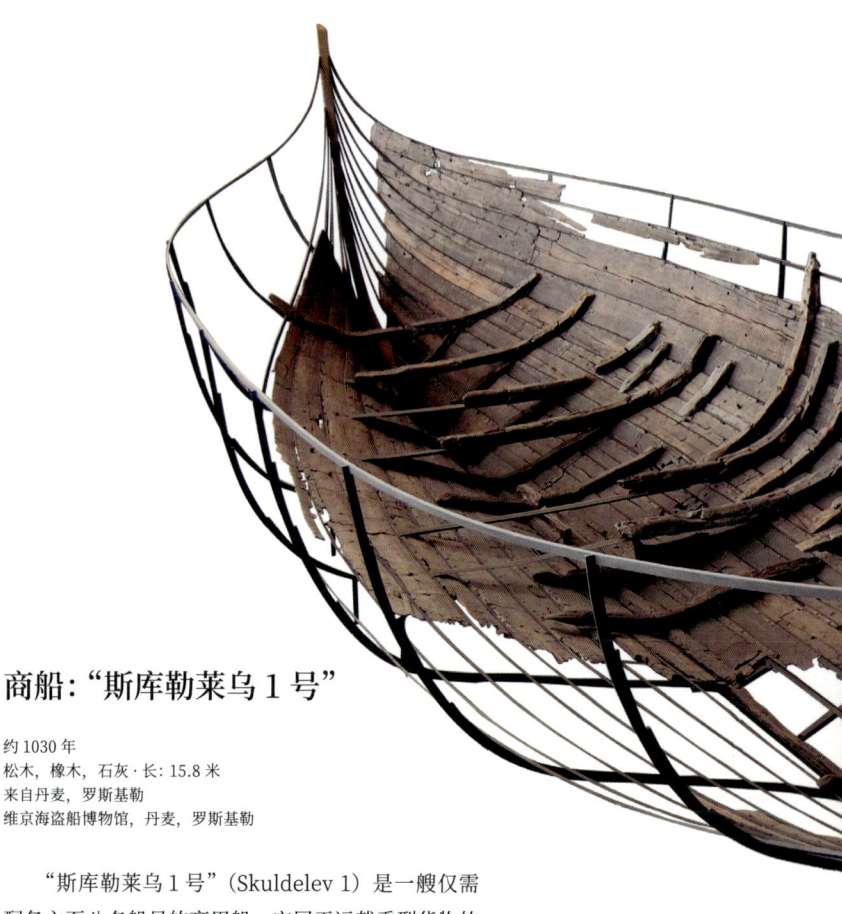

商船："斯库勒莱乌 1 号"

约 1030 年
松木，橡木，石灰·长：15.8 米
来自丹麦，罗斯基勒
维京海盗船博物馆，丹麦，罗斯基勒

　　"斯库勒莱乌 1 号"（Skuldelev 1）是一艘仅需配备六至八名船员的商用船。它属于运载重型货物的远洋船舶，曾往返于维京世界的各个贸易港口。这艘船船体宽敞，开放式货舱可容纳大量货物，最快航速可达十三节左右。通过分析该船的木料可以推测出它的建造地点为挪威松恩峡湾（Sognefjord）。这艘船曾经过多次修理，报废后和其他船只一起沉入了罗斯基勒湾附近的海域，以构筑防护屏障（见第 245 页）。

熔炉石

公元 9—11 世纪
滑石（皂石）·高: 20 厘米
来自丹麦，霍森斯湾（Horsens Fjord）
莫斯格历史博物馆，丹麦，奥胡斯

这个引人注目的皂石物品是一个金属加工用具，从挪威出口后尚未使用就遗失了。为了保持或提高锻铁炉内部的温度，工匠会用风箱来控制气流在风口（管口）的进出，图中的熔炉石（注意石头中部的穿孔）就具有此用途。石头上的花纹很特别，俨然就是一张人脸：留着特别的胡须，嘴巴似乎被缝了起来，其讲述的可能是北欧之神洛基与侏儒们发生纠纷后惨遭缝嘴惩罚的故事。

克努特便士

1024—1030 年
银·直径：2 厘米
来自英国，巴斯（Bath）
大英博物馆，英国，伦敦

　　这是一枚典型的"尖头盔"便士硬币，它是铸币者阿瑟尔斯坦（Athelstan）奉国王克努特（1016—1035 年在位）之命在巴斯打造的。大多数盎格鲁 - 撒克逊与维京硬币都是模仿经典罗马半身像铸造的，这枚硬币的设计则标志着对这一传统的摒弃。在该系列硬币中，皇室成员半身像头上戴的不是王冠，而是一顶尖头盔。这种头盔在 11 世纪的西欧军队中很常见。铸造这枚硬币时，克努特同时统治着英格兰和丹麦。以他的名义铸造的硬币不仅流通于整个英格兰地区，而且扩散到了海外。

盎格鲁－撒克逊珠宝宝藏

11 世纪中期
铅合金·大饰针直径：约 4 厘米
来自英国，伦敦，齐普赛德（Cheapside）
伦敦博物馆，英国

　　这批珠宝宝藏与维京时期的其他许多宝藏不同，它贮藏的不是钱币、银器或金器，而是一系列外表不那么光彩夺目的饰针、指环以及金属制品。但这批珠宝却意义重大，因为它们揭示了维京时代末期的一种重要城市工艺品：铅合金铸造工艺品。其中的饰针尤为引人注目，形形色色的饰针大体呈圆形，表现出的主题十分清晰，有些饰有同心环线条或珠粒装饰，有些则饰有仿金银细丝或玻璃"宝石"。

　　这个宝藏是在位于盎格鲁－撒克逊晚期城邦伦敦堡（Lundenburh）中心的齐普赛德（意为"市场"）发现的。该宝藏有可能曾是某个珠宝商的流动库房，具体年份难以判断，但可以肯定的是，它们出自 11 世纪中叶，因为可以看出珠宝的设计同时受到了盎格鲁－撒克逊和罗马式艺术风格的影响。当时，技术的发展完善极大地提高了珠宝首饰的生产能力。因此，许多城市开始大量生产珠宝，伦敦就是其中之一。生产别具一格、设计新颖的产品似乎是为了贴合当时的城市氛围，或是为了满足迅速崛起的城市中产阶级的需要。

虽然泰晤士河途经的路线已然改变，但前维京时代的伦敦威克（Lundenwic，位于考文特花园附近）和维京时代的伦敦堡（位于古罗马城墙内）的相对位置仍清晰可见。伦敦堡在成长为伦敦经济中心的过程中保留下了哪些自身特色和治理方式呢？

臂环

11 世纪
银·最大直径：9 厘米
来自瑞典，哥得兰岛，小鲁讷
瑞典历史博物馆，瑞典，斯德哥尔摩

这个体积大、分量重的臂环出土于考古资源
丰富的瑞典哥得兰岛。它设计繁复，由较粗的银
棒编织而成的主体上还缠绕着精致的细银绞丝，
环尾两端饰有一个张着大嘴的风格化兽首，有可
能是龙首。兽首尾饰在维京时代的臂环中比较少
见。这个极具装饰性的臂环十分珍贵，不仅因为
银子的分量重，还因为它是一种可以彰显身份和
财富的男性首饰。

爱尔兰维京帝国"错版"硬币

1055—1065 年
银·直径：1.8 厘米
来自爱尔兰
大英博物馆，英国，伦敦

在维京时代末期，位于都柏林的爱尔兰维京帝国统治者们最终决定要铸造属于自己的硬币，于是他们开始效仿盎格鲁－撒克逊王国和盎格鲁－斯堪的纳维亚王国这两个邻国。起初，他们几乎完全模仿了盎格鲁－撒克逊发行的硬币。但图中这枚"利默里克式"（Limerick type）便士其实是在盎格鲁－撒克逊标准化硬币图案的基础上创新而来的。印模铸造师基于已有的硬币发挥了充分的创造自由，他可能将印有忏悔者爱德华（Edward the Confessor，盎格鲁－撒克逊王朝君主）正面头像的硬币（约 1062—1065 年流通）当作了原始的模版。在这枚硬币中，国王的正面头像被放大了，原本的王冠一顶军用头盔所取代，而人物的胡子也显得十分突出。刻在硬币上的文字难以辨认，有可能是因为工匠粗心大意没印好。而硬币背面则印有清晰可见的中空长十字架。

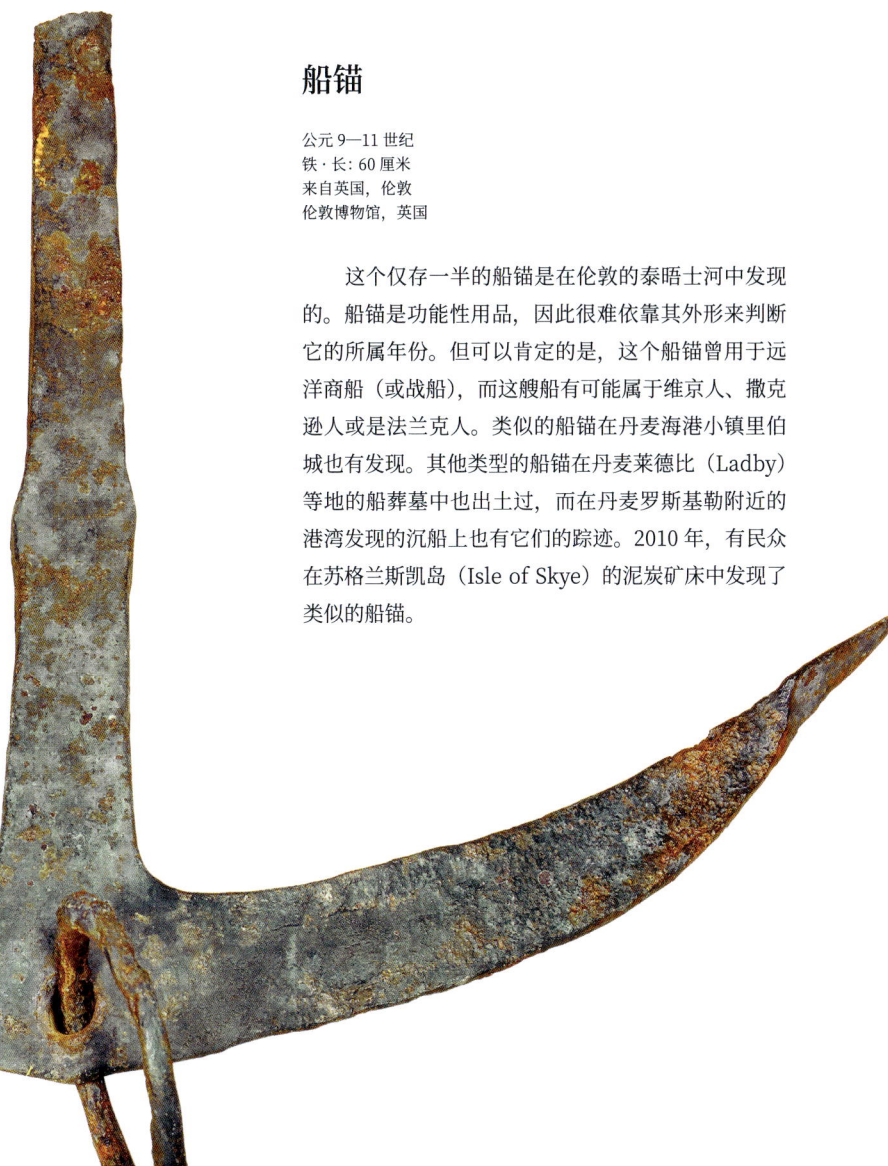

船锚

公元 9—11 世纪
铁·长: 60 厘米
来自英国, 伦敦
伦敦博物馆, 英国

　　这个仅存一半的船锚是在伦敦的泰晤士河中发现的。船锚是功能性用品, 因此很难依靠其外形来判断它的所属年份。但可以肯定的是, 这个船锚曾用于远洋商船 (或战船), 而这艘船有可能属于维京人、撒克逊人或是法兰克人。类似的船锚在丹麦海港小镇里伯城也有发现。其他类型的船锚在丹麦莱德比 (Ladby) 等地的船葬墓中也出土过, 而在丹麦罗斯基勒附近的港湾发现的沉船上也有它们的踪迹。2010 年, 有民众在苏格兰斯凯岛 (Isle of Skye) 的泥炭矿床中发现了类似的船锚。

鱼钩

公元 9—11 世纪

铁·长：约 8 厘米

来自挪威，松恩－菲尤拉讷（Sogn og Fjordane），贝莱（Belle）

卑尔根大学博物馆历史馆，挪威

　　这个日常用具在方方面面推动着维京经济的发展。斯堪的纳维亚群体依海而居，鉴于此，我们不难想象海钓对维京人的日常饮食有多么重要。然而，维京渔业的地位和重要性在整个维京时代期间发生了巨大的改变。考古学家将他们所定义的"鱼类事件视界"（fish event horizon）确定在了 1000 年前后。从贝冢中发现的证据表明：渔民们从那个时期开始不断地探索更深的海域，专门捕捞大型海水鱼，比如鳕鱼，而这些鱼可以制成腌鳕鱼干销往整个欧洲——这着实是一桩大买卖！

缅因硬币

1067—1093 年
银·直径：1.6 厘米
来自美国，缅因州
缅因州立博物馆，美国，奥古斯塔

1957 年，业余考古学家和硬币收藏家盖伊·梅尔格伦（Guy Mellgren）称其在美国缅因州纳斯凯格角（Naskeag Point）的北美原住民遗址发现了一枚维京时代的硬币。尽管古币学家称这枚硬币确实铸造于奥拉夫三世（Olaf III Haraldsson，他于 1067 至 1093 年担任挪威国王）时期，但它的出土地点使人们对其真实性产生了怀疑。迄今为止，没有证据表明斯堪的纳维亚人涉足过纽芬兰以南的地带。挪威发行的硬币在冰岛极为罕见，而维京时代的硬币在格陵兰更是见所未见。然而，这枚硬币是一种珍稀版本，对于收藏家来说是不可多得的藏品。这可能是一个真实的发现，它也许是斯堪的纳维亚人曾涉足缅因州的证据，但更有可能证明了北美原住民与纽芬兰曾有过往来。

词汇表

Anglo-Scandinavian 盎格鲁–斯堪的纳维亚：该术语用于描述新型的维京时代社会，它结合了盎格鲁–撒克逊、斯堪的纳维亚和其他一些概念。

Borre 博勒风格：一种维京艺术风格，特征是环链、环扣、"攫取兽"纹饰。其历史可追溯至公元9世纪后期和公元10世纪。

Byzantium 拜占庭帝国：现为伊斯坦布尔。这个前希腊殖民地成了东罗马帝国的中心，并在西罗马沦陷后依然坚挺。该地在维京时代吸引了大量斯堪的纳维亚商人和雇佣军。

cloisonné 景泰蓝：在金属装饰品中，景泰蓝是一种中间镶有珐琅、玻璃或宝石，四周缠绕有金属丝线的工艺。

Cufic 库法体：一种棱角分明的阿拉伯书法体，其历史可追溯至公元7世纪，普遍用于维京时代的阿拉伯世界。

early medieval 中世纪早期：始于公元5世纪西罗马帝国灭亡，终于1066年诺曼征服。

filigree 金银丝细工：在金属装饰品上起装饰作用的纯金丝或银丝。

Frankish 法兰克：指的是法兰西王国和后来的神圣罗马帝国。按时间顺序排列，包括墨洛温王朝（约公元481—751年），加洛林王朝（公元751—987年）和奥托王朝（约公元919—1024年），但各个王朝的统治范围稍有不同。

Freyr/Freyja 弗雷/弗蕾娅：弗雷是北欧神话中司掌丰饶、和平与繁荣的神祇。他的妹妹弗蕾娅司掌生育、爱情、魔法以及来世。

Frisia 弗里斯兰：沿海地区，包括荷兰和德国北部的部分地区，它对维京时代的北海经济发挥了重要作用。

gift exchange 礼物交换：物品交换可能带有政治色彩。物品可以敬献给上级以表敬意，可以赠予追随者以保忠心，可以交予盟友以固忠诚，也可以在双方针锋相对时强加给对手。

granulation 金属颗粒装饰：金/银颗粒物在金属装饰品中的应用。

Hiberno-Norse 爱尔兰维京帝国：该术语用于描述维京时代的爱尔兰将其本土的理念和艺术与斯堪的纳维亚的理念和艺术相结合的产物。

Jellinge 耶灵纹样：一种以"s"形动物为特征的维京艺术风格，其历史可追溯至公元10世纪。

Loki 洛基：北欧神话中神秘而多变的神祇。他被视为一个足智多谋但诡计多端的骗子。

Mammen 马门风格：一种以自然主义动物艺术和类似植物的设计为特征的维京艺术风格，其历史可追溯至公元10世纪下半叶。

nålebinding 针织工艺：一种传统的纺织工艺，在维京时代的斯堪的纳维亚十分普遍。

niello 乌银：一种黑色合金。在金属装饰品中，将其填充于刻在物体表面的图案上可起到对比的作用。

Odin 奥丁：北欧神话中司掌智慧、诗歌与死亡的神祇。他只有一只眼睛，常常头戴宽檐帽，手持冈格尼尔长枪，身骑八足马——斯莱普尼斯，身边有乌鸦和狼相伴。

pattern-welding 花纹锻打工艺：一种专门用于生产高质量

刀片的锻造工艺。各种材质的金属条被焊接在一起，以增加刀片的强度，以及打造出一种视觉效果。

Permian 彼尔姆：地处俄罗斯北部的乌拉尔山脉西坡。它是一个皮草发源地，也有可能是一种臂环的发源地，这类臂环在波罗的海内外均有发现。

repoussé 凸纹装饰：金属装饰品上的花纹，从物品的反面锤打而成。

Ringerike 灵厄里克风格：一种维京艺术风格，其特征是卷须状的动物图案设计，其历史可追溯至公元 10 世纪和 11 世纪末。

Romanesque 罗马式艺术：一种中世纪的艺术形式，采用了罗马式的概念和纹样。在英国，它的流行通常被认为是诺曼征服的产物，但它从维京代晚期开始就已风靡了整个欧洲大陆。

runes 如尼字母：中世纪早期流行于北欧的一种书写系统。维京社会的字母表"futhark"便使用了如尼文的前六个字母。

seiðr 赛德法术：一个总称，用于表示各种形式的古斯堪的纳维亚巫术，有点类似于萨满教。

slavery 奴隶制：在维京时代的社会中，不自由的劳动力无处不在。奴隶没有权利。奴隶主可以殴打和剥削奴隶且不受任何惩罚，但奴隶主对技术熟练的工匠十分器重。

soapstone/steatite 皂石／滑石：一种富含滑石粉的岩石，易于雕刻，是优质的热导体。在斯堪的纳维亚及其殖民地，它是陶瓷的替代品。

styca 厚银币：维京时代早期，在诺森布里亚用低值银和铜合金铸造的小额硬币。

Thor 索尔：北欧神话中司掌风暴、保护和丰饶的神祇，以其雷神之锤著称。

Týr 提尔：北欧神话中的独臂神祇，通常象征着勇气与英雄气概。

Urnes 乌尔内斯风格：一种程式化的、带有相互交织的动物图案的维京艺术风格，其历史可追溯至 11 世纪和 12 世纪。

Valhalla 瓦尔哈拉殿堂：北欧神话中死者的殿堂，阵亡战士的英灵会由此进入荣耀加身的来世。

Valkyrie 瓦尔基里：英灵挑选者。这些女武神会挑选阵亡战士的英灵进入瓦尔哈拉殿堂。

zoomorphic 兽形装饰：这种艺术风格与动物有关，但往往描绘的是抽象的动物形态。

索引 （加粗处为相应图片的页码）

博物馆索引

图片出处说明

书中的每张图片均在图片说明中列出了相应的博物馆。对于各博物馆的慨允，作者在此表示衷心感谢。

2 & 146 University of Oslo, Norway / Photo © AISA / Bridgeman Images 14 © 2018 Kulturhistorisk museum, UiO, Photo: Eirik Irgens Johnsen 16 © British Library Board. All Rights Reserved / Bridgeman Images 17 Bjorn Grotting / Alamy Stock Photo 18 Viking Ship Museum, Oslo, Photo: Eirik Irgens Johnsen 19 © Costa/Leemage / Bridgeman Images 20 Photograph © The State Hermitage Museum/ photo by Vladimir Terebenin 21 Walters Art Museum, CC 22 The Swedish History Museum 23 left, 23 right © The Trustees of the British Museum 24 © 2018 Kulturhistorisk museum, UiO, Eirik Irgens Johnsen, CC BY-SA 4.0 25 © 2018 Kulturhistorisk museum, UiO, Vegard Vike ,CC BY-SA 4.0 26 National Museum of Denmark, Photo: John Lee, CC-BY-SA 2.0 27 Moesgaard fotolab 28 The Swedish History Museum, Photo: Gabriel Hildebrand 29 York Museums Trust :: http://yorkmuseumstrust.org.uk/ :: CC BY-SA 4.0 30 National Museum of Denmark, Photo: Arnold Mikkelsen, CC-BY-SA 2.0 31 The Swedish History Museum, Photo: Christer Åhlin, CC BY 2.5 SE 32 UtCon Collection / Alamy Stock Photo 33 The Metropolitan Museum of Art, New York, Pfeiffer Fund, 1992 34 © 2018 Kulturhistorisk museum, UiO, Eirik Irgens Johnsen, CC BY-SA 4.0 35 © 2018 Kulturhistorisk museum, UiO / CC BY-SA 4.0 36 © 2018 Kulturhistorisk museum, UiO / CC BY-SA 4.0 37 © 2018 Kulturhistorisk museum, UiO / CC BY-SA 4.0 38 © 2018 Kulturhistorisk museum, UiO / CC BY-SA 4.0 40 National Museum of Denmark, Photo: Lennart Larsen, CC-BY-SA 2.0 41 Ashmolean Museum, University of Oxford, UK/ Bridgeman Images 42 © 2018 Kulturhistorisk museum, UiO / CC BY-SA 4.0 43 National Museum of Denmark, Photo: John Lee 44 The Swedish History Museum, Photo: Ola Myrin 45 Walters Art Museum, Gift of Ralph M. Chait, 1954, CC 46 The Swedish History Museum 47 Gabriel Hildebrand 48 Photo Åge Hojem, NTNU Vitenskapsmuseet 49 PRISMA ARCHIVO / Alamy Stock Photo 50 Steve Partridge / Inchmarnock / CC BY-SA 2.0 51 © National Museums Scotland 53 © National Museums Scotland 54 © 2018 Kulturhistorisk museum, UiO, Photo: Adnan Icagic, CC BY-SA 4.0 55 The Swedish History Museum, Photo: Eva Vedin, CC BY 2.5 SE 56 The Museum of South West Jutland 57 The Swedish History Museum, Photo: Gunnel Jansson 58 The Museum of South West Jutland 59 The Museum of South West Jutland 60 The Swedish History Museum, Photo: Gabriel Hildebrand 62 Chronicle / Alamy Stock Photo 63 Mark Edward Harris / Getty Images 64 The Swedish History Museum, Photo: Gabriel Hildebrand 65

Werner Forman Archive/Bridgeman Images 66 York Museums Trust :: http://yorkmuseumstrust.org.uk/ :: CC BY-SA 4.0 67 National Board of Antiquities, Finland 68 akg-images/ Album / Prisma 69 CM Dixon / Print Collector / Getty Images 70 Scott Goodno / Alamy Stock Photo 72 The Swedish History Museum, Photo: Sara Kusmin, CC BY 2.5 SE 73 National Museum of Denmark, Photo: Arnold Mikkelsen, CC BY-SA 2.0 75 National Museum of Denmark, Photo: John Lee 76 Þórhallur Þráinsson 77 National Museum of Denmark, Photo: Arnold Mikkelsen, CC-BY-SA 2.0 78 National Museum of Denmark, Photo: Lennart Larsen, CC-BY-SA 2.0 79 The Museum of South West Jutland 80 The Museum of South West Jutland 81 © The Fitzwilliam Museum, Cambridge; and the Torksey Project 83 © 2017 Trustees of the British Museum 84 Torksey Research Project: Julian Richards and Dawn Hadley, and copyright The Fitzwilliam Museum, Cambridge and Andrew Woods, York Museums Trust 85 © National Museums Scotland 86 W.carter / Wikimedia Commons, CC BY-SA 4.0 87 W.carter / Wikimedia Commons, CC BY-SA 3.0 88 & 89 © The Trustees of the British Museum 91 This image is reproduced with the kind permission of the National Museum of Ireland 92 The Museum of South West Jutland/Moesgaard Photolab 93 York Museums Trust :: http://yorkmuseumstrust.org.uk/ :: CC BY-SA 4.0 94 © The Trustees of the British Museum 95 Photo:StudioLab, reproduced with the permission of Transport Infrastructure Ireland 96 © The Trustees of the British Museum 97 York Museums Trust :: http:// yorkmuseumstrust.org. uk/ :: CC BY-SA 4.0 98 The Swedish History Museum, Photo: Gabriel Hildebrand 99 The Swedish History Museum 100 National Museum of Denmark, Photo: John Lee, CC-BY-SA 2.0 102 Steve Ashby 104 © The Trustees of the British Museum 105 Thue C. Leibrandt / Wikimedia Commons / CC BY-SA 3.0 106 York Museums Trust :: http://yorkmuseumstrust. org.uk/ :: CC BY-SA 4.0 107 York Museums Trust :: http://yorkmuseumstrust.org.uk/ :: CC BY-SA 4.0 108 Viking Museum, Haithabu 110 © Boltin Picture Library / Bridgeman Images 111 © Hull and East Riding Museum, Hull Museums 112 York Museums Trust :: http:// yorkmuseumstrust. org.uk/ :: CC BY-SA 4.0 114 National Museum of Denmark, Photo: Arnold Mikkelsen, CC-BY-SA 2.0 115 York Museums Trust :: http:// yorkmuseumstrust.org.uk/ :: CC BY-SA 4.0 116 This image is reproduced with the kind permission of the National Museum of Ireland 118 Steve Ashby 119 York Museums Trust :: http://yorkmuseumstrust.org.uk/ :: CC BY-SA 4.0 120 York Museums Trust :: http:// yorkmuseumstrust.org.uk/ :: CC BY-SA 4.0 122 The Swedish History Museum, Photo: Gabriel Hildebrand, CC BY 2.5 SE 124 © National Museums Scotland 126 This image is reproduced with the kind permission of the National Museum of Ireland, Photo: Valerie Dowling 127 akg-images 128 © National Museums Scotland 130 The Metropolitan Museum of Art, New York, Purchase, The Kurt Berliner Foundation Gift, 2000 131 National Museum of Denmark, Photo: Ole Malling & Roskilde Museum, CC BY-SA 2.0 132 © National Museums Scotland 133 © National Museums Scotland

134 The Swedish History Museum, Photo: Gabriel Hildebrand, CC BY 2.5 SE 136 National Museum of Denmark, Photo: Kit Weiss, All Rights Reserved 137 The Swedish History Museum 138 J. Casares / EPA / REX /Shutterstock 139 The Swedish History Museum 140 © The Trustees of the British Museum 142 Manx National Heritage (Isle of Man) / Bridgeman Images 144 INTERFOTO / Alamy Stock Photo 146 Steve Ashby 148 The Metropolitan Museum of Art, New York, Rogers Fund, 1955 149 York Museums Trust :: http://yorkmuseumstrust. org.uk/ :: CC BY-SA 4.0 150 Jorvik Viking Centre 152 National Museum of Denmark, Photo: John Lee, CC-BY-SA 2.0 155 National Museum of Denmark, Photo: Lennart Larsen, CC-BY-SA 2.0 156 National Museum of Iceland, Reykjavik, Iceland / Bridgeman Images 157 The Swedish History Museum, Photo: Gabriel Hildebrand 158 National Museum of Denmark, Photo: Roberto Fortuna & Kira Ursem, CC-BY-SA 2.0 159 National Museum of Denmark, Photo: Roberto Fortuna & Kira Ursem, CC-BY-SA 2.0 160 National Museum of Denmark, Photo: John Lee, CC-BY-SA 2.0 161 The Powerhouse Museum Collection 162 The Swedish History Museum, Photo: Gabriel Hildebrand, CC BY 2.5 SE 163 © National Museums Scotland 164 National Museum of Denmark, Photo: John Lee 166 National Museum of Denmark, Photo: Lennart Larsen, CC-BY-SA 2.0 167 This image is reproduced with the kind permission of the National Museum of Ireland 168 York Museums Trust :: http:// yorkmuseumstrust.org.uk/ :: CC BY-SA 4.0 170 © National Museums Scotland 172 © The Trustees of the British Museum 173 © The Trustees of the British Museum 174 © The Trustees of the British Museum 176 The Swedish History Museum, Photo: Ola Myrin 178 Jorvik Viking Centre 179 York Museums Trust :: http://yorkmuseumstrust.org.uk/ :: CC BY-SA 4.0 180 © The Trustees of the British Museum 181 York Museums Trust:: http:// yorkmuseumstrust.org.uk/ :: CC BY-SA 4.0 182 Heritage Image Partnership Ltd / Alamy Stock Photo 183 © The Trustees of the British Museum 184 The Swedish History Museum, Photo: Christer Åhlin 185 This image is reproduced with the kind permission of the National Museum of Ireland, Photo: Valerie Dowling 186 © The Trustees of the British Museum 187 This image is reproduced with the kind permission of the National Museum of Ireland 188 Museum of London, UK / Bridgeman Images 190 York Museums Trust :: http:// yorkmuseumstrust.org.uk/ :: CC BY-SA 4.0 191 York Museums Trust :: http:// yorkmuseumstrust.org.uk/ :: CC BY-SA 4.0 192 © National Museums Scotland 193 Viking Museum, Haithabu 194 © The Trustees of the British Museum 196 © The Trustees of the British Museum 197 Steve Ashby 198 This image is reproduced with the kind permission of the National Museum of Ireland 199 © York Museums and Gallery Trust 2018, CC BY-SA 4.0 200 Lund Kulturen Museum, ref number 53436: 1081 201 Viking Museum, Haithabu 202 York Museums Trust :: http://yorkmuseumstrust.org.uk/ :: CC BY-SA 4.0 204 Courtesy The Rooms Corporation of Newfoundland and Labrador, Canada, Provincial Museums Division 205

Courtesy The Rooms Corporation of Newfoundland and Labrador, Canada, Provincial Museums Division 206 Royal Norwegian Library/The Ingstad Collection 207 Courtesy The Rooms Corporation of Newfoundland and Labrador, Canada, Provincial Museums Division 208 Jorvik Viking Centre 210 © 2018 NTNU Vitenskapsmuseet, Photo: Per Fredriksen, CC BY-SA 4.0 212 © 2018 Arkeologisk museum, UiS / CC BY-NC-ND 3.0 213 This image is reproduced with the kind permission of the National Museum of Ireland 214 This image is reproduced with the kind permission of the National Museum of Ireland 216 National Museum of Denmark, CC-BY-SA 217 National Museum of Denmark, Photo: John Lee, CC-BY-SA 218 De Agostini Picture Library / Bridgeman Images 220 The Swedish History Museum, Photo: Christer Åhlin 221 Heritage Image Partnership Ltd / Alamy Stock Photo 222 © The Trustees of the British Museum 223 The National Museum of Iceland 224 akg-images / Interfoto 225 © The Trustees of the British Museum 226 The Swedish History Museum, Photo: Sören Hallgren 228 The Swedish History Museum, Photo: Ulrik Skans 229 The Metropolitan Museum of Art, New York, Purchase, Fletcher Fund, and Bequest of Gwynne M. Andrews, by exchange, 1982 230 The Swedish History Museum, Photo: Christer Åhlin 232 © The Trustees of the British Museum 233 Granger Historical Picture Archive / Alamy Stock Photo 234 The Swedish History Museum, Photo: Sören Hallgren, CC BY 2.5 236 © The Trustees of the British Museum 237 The Swedish History Museum, Photo: Christer Åhlin 238 dpa picture alliance / Alamy Stock Photo 239 Oli Scarff / Staff 240 Angelo Hornak / Alamy Stock Photo 242 © The Trustees of the British Museum 243 This image is reproduced with the kind permission of the National Museum of Ireland 244 The Metropolitan Museum of Art, New York, Gift of Stephen V. Grancsay, 1942 245 Bernie Epstein / Alamy Stock Photo 246 The Swedish History Museum, Photo: Gabriel Hildebrand 248 Museum of London, UK / Bridgeman Images 249 Ashmolean Museum, University of Oxford, UK / Bridgeman Images 250 The Swedish History Museum, Photo: Christer Åhlin 252 National Museum of Denmark, Photo: Arnold Mikkelsen, CC-BY-SA 2.0 254 National Museum of Denmark, Photo: Arnold Mikkelsen, CC-BY-SA 2.0 255 The National Museum of Iceland 256 The Swedish History Museum, Photo: Gabriel Hildebrand 258 © The Trustees of the British Museum 260 The Swedish History Museum, Photo: Christer Åhlin 261 The Swedish History Museum 262 © The Trustees of the British Museum 264 Craig Buchanan / Alamy Stock Photo 266 National Museum of Denmark, Photo: Lennart Larsen, CC-BY-SA 2.0 267 © The Trustees of the British Museum 268 Ed g2s/Wikimedia Commons, CC BY-SA 4.0 269 Museum of London, UK / Bridgeman Images 270 The Swedish History Museum, Photo: Ulrik Skans, CC BY 2.5 SE 271 © The Trustees of the British Museum 272 Museum of London, UK / Bridgeman Images 274 © 2018 Kulturhistorisk museum, UiO 275 Courtesy of the Maine State Museum 72.73.1

致谢

倘若没有卷帙浩繁的学术研究（已完成的也好，仍在进行中的也罢）为依托，本项目恐怕根本无从谈起。限于本书的呈现方式，我们无法将参考过的所有文献单列出来，所以只能以"延伸阅读"的方式列出一些最为重要的文本。我们也要感谢所有为我们提供资料或图片，和我们分享观点、探讨手工制品或对我们有所启发的个人和机构。尽管无法一一提及，但我们仍要由衷地感谢梅根·冯·阿克曼（Megan von Ackermann）、詹姆斯·巴雷特（James Barrett）、科琳·贝蒂（Colleen Batey）、萨拉·克鲁瓦（Sarah Croix）、塔尼亚·迪金森（Tania Dickinson）、詹姆斯·格雷厄姆 - 坎贝尔（James Graham-Campbell）、唐哈·德利（Dawn Hadley）、吉特·汉森（Gitte Hansen）、斯蒂芬·哈里森（Stephen Harrison）、夏洛特·赫登谢纳 – 琼森（Charlotte Hedenstierna-Jonson）、莉娜·霍尔姆奎斯特（Lena Holmqvist）、简·克肖（Jane Kershaw）、约翰·永奎斯特（John Ljungkvist）、亚瑟·麦格雷戈（Arthur MacGregor）、艾尔萨·梅因曼（Ailsa Mainman）、克里斯蒂娜·麦克唐奈（Christine McDonnell）、奎塔·莫尔德（Quita Mould）、约翰·内勒（John Naylor）、昂·彼得森（Unn Pedersen）、尼尔·普里塞（Neil Price）、朱利安·里卡兹（Julian Richards）、达格芬·斯克雷（Dagfinn Skre）、莫腾·索夫索（Morten Søvsø）、佩内洛普·沃尔顿·罗杰斯（Penelope Walton Rogers）和加雷思·威廉斯（Gareth Williams）。我们要特别感谢索伦·辛德贝克（Søren Sindbaek）和马克·埃德蒙兹（Mark Edmonds）同我们展开了许多富有启发性的讨论。最后，我们要感谢大西洋两岸的朋友和家人始终如一的支持，还要感谢白狮出版社（White Lion Publishing）的卡罗尔·金（Carol King）、汉娜·菲利普斯（Hannah Phillips）、鲁思·帕特里克（Ruth Patrick）、伊莎贝尔·埃莱斯（Isabel Eeles）、埃玛·布朗（Emma Brown）和伊丽莎白·贝达斯（Elspeth Beidas）的辛勤工作以及无尽的耐心。书中如有不当之处请各位读者批评指正。套用维京制梳匠的话来说，我们希望也能自豪地说上一句："好书出自咱之手！"

延伸阅读

Fitzhugh, William W. and Elisabeth I. Ward (eds). Vikings: The North Atlantic Saga, Washington, D.C.: Smithsonian Institution, 2000.

Graham-Campbell, James. Viking Artefacts. A Select Catalogue. London: British Museum Press, 1980.

Sindbaek, Søren M. (ed.). The World in the Viking Age. Roskilde: Viking Ship Museum, 2014.

Sindbaek, Søren M. (ed.). Dragons of the Northern Seas: The Viking Age of Denmark. Ribe: Liljebjerget, Museum of Southwest Jutland, 2015.

第二页：维京头盔，约公元 950—975 年，文化历史博物馆，挪威，奥斯陆
© AISA / Bridgeman Images

图书在版编目（CIP）数据

口袋博物馆．维京／（英）史蒂夫·阿什比，（加）
艾莉森·伦纳德著；王绍祥，毛方慧译．-- 上海：上
海文化出版社，2022.10
ISBN 978-7-5535-2571-6

Ⅰ．①口… Ⅱ．①史… ②艾… ③王… ④毛… Ⅲ.
①文物-介绍-北欧-古代 Ⅳ．①K86

中国版本图书馆 CIP 数据核字 (2022) 第 155297 号

© 2018 Quarto Publishing plc
Simplified Chinese edition copyright © 2022 United Sky (Beijing) New Media Co., Ltd.
All rights reserved.

著作权合同登记号 图字：09-2021-0716 号
审图号：GS 京（2022）0012 号

出 版 人：姜逸青
选题策划：联合天际·文艺生活工作室
责任编辑：赵光敏
特约编辑：邵嘉瑜 邢 莉
封面设计：孙晓彤
美术编辑：梁全新

书 名：口袋博物馆·维京
作 者：［英］史蒂夫·阿什比 ［加］艾莉森·伦纳德
译 者：王绍祥 毛方慧
出 版：上海世纪出版集团 上海文化出版社
地 址：上海市闵行区号景路 159 号 A 座 3 楼 201101
发 行：未读（天津）文化传媒有限公司
印 刷：当纳利（广东）印务有限公司
开 本：889×1194 1/32
印 张：9.25
版 次：2022 年 10 月第一版 2022 年 10 月第一次印刷
书 号：ISBN 978-7-5535-2571-6/K.288
定 价：75.00 元

关注未读好书

未读 CLUB
会员服务平台

本书若有质量问题，请与本公司图书销售中心联系调换
电话：(010) 52435752

未经许可，不得以任何方式
复制或抄袭本书部分或全部内容
版权所有，侵权必究